Seguridad y trabajo colaborativo en la nube

Seguridad y trabajo colaborativo en la nube

Alejandro Santoro Recio
Violeta Recio

La ley prohíbe fotocopiar este libro

Seguridad y trabajo colaborativo en la nube
Código THEMA: UTC - Computación en la nube
Código BISAC: COM053000 - COMPUTERS / Security / General
© Autor Alejandro Santoro Recio, Violeta Recio
© De la edición: Ra-Ma 2026

Editado por:
RA-MA Editorial
Calle Jarama, 33, Polígono Industrial Igarsa
28860 PARACUELLOS DE JARAMA, Madrid
Teléfono: 91 658 42 80
Fax: 91 662 81 39
Correo electrónico: *info@grupoeditorialrama.com*
Internet: *www.ra-ma.es* y *www.ra-ma.com*
ISBN impreso: 979-13-88059-35-3
ISBN ePub: 979-13-88059-36-0
El e-book de esta obra es accesible y cumple con la norma WCAG 2.2 nivel AAA.
Depósito legal: M-3269-2026
Maquetación: Antonio García Tomé
Diseño de portada: Antonio García Tomé
Filmación e impresión: Safekat
Impreso en España en febrero de 2026

Hay alguna fuerza cósmica,
llámalo Dios, llámalo energía,
pero algo hay.

ÍNDICE

1

CONOCIMIENTOS FUNDAMENTALES DE COMPUTACIÓN

En la sociedad contemporánea, prácticamente cualquier actividad —desde realizar gestiones administrativas o formarse en línea, hasta participar en proyectos colaborativos, buscar empleo, gestionar una empresa o relacionarse con la administración pública— exige un mínimo dominio de los recursos informáticos. Sin embargo, este dominio no se limita a "saber manejar" un programa concreto, sino a comprender qué hay detrás de las aplicaciones, cómo se estructuran los dispositivos, qué tipos de redes utilizamos, cómo se organizan los archivos y qué riesgos existen si no aplicamos medidas de seguridad y bienestar digital adecuadas.

Por este motivo, el capítulo se estructura en varios bloques temáticos que se complementan entre sí:

➤ En primer lugar, se analizan los **ordenadores y dispositivos** en el contexto de las tecnologías de la información y la comunicación (tic). Se estudia el papel del ordenador como herramienta central de procesamiento, los componentes físicos esenciales (hardware), los principales tipos de software que utilizamos a diario, las licencias que regulan su uso y los fundamentos de la propiedad intelectual digital. El objetivo es que el lector entienda no solo "qué es un ordenador", sino también cómo encaja dentro de un ecosistema tecnológico más amplio que incluye móviles, tabletas, televisores inteligentes, dispositivos IoT y servicios en la nube.

▶ A continuación, se aborda el **escritorio del sistema operativo y el entorno gráfico de trabajo**. Se explica qué es el escritorio, qué función cumplen los iconos, cómo se organizan las ventanas, de qué manera se gestionan las barras de tareas o docks y qué opciones de personalización y configuración tenemos a nuestro alcance. Este bloque no se limita a describir botones, sino que muestra cómo un dominio eficaz del entorno gráfico puede incrementar de forma notable la productividad y reducir errores en el trabajo cotidiano.

▶ El tercer bloque se centra en los **resultados del trabajo con el ordenador**, especialmente en la creación de textos y la impresión. Se parte del concepto de documento digital y se analizan los aspectos clave del uso de los procesadores de texto: redacción, estructura, formato, uso de estilos, inserción de elementos gráficos, gestión del archivo e impresión final. El objetivo es que el lector adquiera las habilidades necesarias para elaborar documentos claros, coherentes y profesionales, optimizando además el uso de recursos como papel, tinta y tiempo.

▶ El cuarto bloque desarrolla la **gestión de archivos** como competencia central de cualquier usuario. Se explican los conceptos de archivo y carpeta, el sistema de nombres y extensiones, la estructura jerárquica del sistema de archivos, las funciones de los administradores de archivos y las estrategias para organizar la información de manera lógica y eficiente. También se abordan el almacenamiento local, externo y en la nube, las copias de seguridad, la compresión de archivos y las medidas básicas de seguridad asociadas a la gestión de datos.

▶ El quinto bloque introduce los **conceptos fundamentales de redes**, explicando qué es una red informática, qué dispositivos intervienen, qué tipos de redes existen según su alcance, cómo se conectan los equipos y cuáles son las diferencias entre conexiones cableadas e inalámbricas. Se presta una atención especial a la seguridad básica en redes (especialmente en redes wifi-domésticas) y al uso de recursos compartidos, como carpetas de red e impresoras, que constituyen la base del trabajo colaborativo en entornos profesionales y educativos.

▶ Finalmente, el capítulo se completa con un bloque dedicado a la **seguridad y el bienestar digital**, que aborda la protección de la información y de los dispositivos, las amenazas informáticas más habituales, las buenas prácticas de seguridad (contraseñas, autenticación, actualizaciones), los principios de ergonomía y salud en el puesto de trabajo y el concepto de cómputo verde como marco para un uso responsable y sostenible de la tecnología. Este último apartado subraya que la competencia digital no se limita a la eficacia técnica, sino que incluye también la capacidad de utilizar la tecnología de forma segura, saludable y respetuosa con el entorno.

A lo largo del capítulo se sigue un enfoque progresivo y didáctico, propio de los manuales de formación profesional: se parte de definiciones claras y ejemplos cercanos al usuario, se introducen los conceptos técnicos de forma gradual y se enlazan los distintos apartados para que el lector pueda construir un conocimiento coherente y aplicable. De este modo, cada sección no solo aporta información, sino que refuerza habilidades que se utilizarán en los módulos posteriores del manual.

En definitiva, este capítulo proporciona el armazón conceptual y práctico imprescindible para comprender el resto de la obra. Dominar los conocimientos fundamentales de computación que aquí se desarrollan permitirá al lector:

▶ Interpretar correctamente la terminología básica de hardware, software, redes y seguridad.

▶ Desenvolverse con autonomía en el escritorio y el entorno gráfico del sistema operativo.

▶ Crear, organizar e imprimir documentos de forma profesional.

▶ Gestionar archivos y carpetas con criterio, evitando pérdidas de información.

▶ Conectarse a redes de manera más consciente y segura.

▶ Adoptar hábitos de seguridad, ergonomía y sostenibilidad en el uso de la tecnología.

A partir de este marco general, en los siguientes epígrafes se profundizará de forma sistemática en cada uno de estos bloques, comenzando por el análisis de las tic, los ordenadores y los dispositivos como eje central del entorno digital actual.

1.1 ORDENADORES Y DISPOSITIVOS: TIC, HARDWARE ESENCIAL, SOFTWARE, LICENCIAS Y PROPIEDAD INTELECTUAL DIGITAL

Las Tecnologías de la Información y la Comunicación (TIC) constituyen la base del mundo digital contemporáneo. Se trata del conjunto de herramientas, dispositivos, servicios, plataformas y recursos que permiten crear, gestionar, transmitir y almacenar información en formato digital. Conforman un ecosistema imprescindible que influye directamente en la forma en que trabajamos, estudiamos, nos comunicamos y realizamos tareas cotidianas. Para cualquier usuario, adquirir competencias en TIC significa comprender cómo funcionan los ordenadores, qué papel desempeñan los dispositivos complementarios, qué significa "software", por qué las licencias son importantes y qué implicaciones legales tiene el uso de obras digitales.

Este apartado proporciona una visión integral y didáctica sobre estos conceptos, sentando las bases necesarias para desenvolverse con solidez en el entorno tecnológico actual. Se analiza en profundidad el ordenador, entendiendo tanto su estructura física como su lógica interna, su papel dentro del ecosistema TIC y su funcionamiento. También se abordan los dispositivos que complementan y amplían sus capacidades, el papel del software como motor de las tareas digitales, el marco legal que regula su uso y los principios fundamentales de la propiedad intelectual digital.

1.1.1 Las TIC en la sociedad digital

Las TIC abarcan una amplia gama de tecnologías: desde ordenadores, teléfonos móviles y redes de comunicación hasta servidores en la nube y sistemas de inteligencia artificial. Su función principal es permitir que la información fluya de manera eficiente entre personas, dispositivos y sistemas.

a) Concepto de TIC

Las TIC incluyen tecnologías que permiten:

- Procesar datos.
- Acceder a información digital.
- Comunicarse en tiempo real.
- Crear, editar y difundir contenido.
- Automatizar procesos técnicos o administrativos.
- Conectarse a redes locales o globales (como Internet).

Ejemplos:

- Acceder al correo electrónico.
- Utilizar plataformas de videoconferencia.
- Descargar aplicaciones en el smartphone.
- Gestionar archivos en la nube.
- Realizar trámites online.
- Participar en redes sociales.

El usuario moderno interactúa con las TIC varias horas al día, incluso sin darse cuenta: desde leer noticias en el móvil hasta enviar documentos a un profesor o acceder al portal de la empresa.

b) Relevancia de las TIC en la actualidad

En el ámbito profesional, educativo y social, el dominio de las TIC se ha convertido en una competencia clave.

Las TIC permiten:

- Automatizar tareas repetitivas.
- Reducir errores humanos mediante herramientas digitales.
- Comunicar información de manera inmediata.
- Gestionar proyectos de forma colaborativa.
- Acceder a enormes bases de datos de conocimiento.
- Desarrollar actividades de forma remota (teletrabajo, teleformación).
- Mejorar la productividad en casi todos los sectores.

Por ello, la alfabetización digital ya no se limita a saber usar un ordenador: implica comprender cómo funcionan los componentes físicos y lógicos, qué riesgos existen en el entorno digital y cómo proteger la información.

1.1.2 El ordenador como herramienta central de procesamiento

Un ordenador es un dispositivo electrónico capaz de recibir, almacenar y procesar datos mediante instrucciones previamente definidas. Su importancia radica en que actúa como punto de convergencia de gran parte de las TIC: permite ejecutar aplicaciones, manipular datos, comunicarse y acceder a redes globales.

a) Funciones básicas del ordenador

Todo ordenador realiza tres funciones principales:

- **Entrada**: recibe datos mediante periféricos como teclado, ratón o micrófono.

- **Proceso**: transforma esos datos mediante operaciones lógicas y aritméticas.

- **Salida**: muestra o envía resultados a través de pantallas, impresoras o redes.

Ejemplo:

1. El usuario escribe una frase en un procesador de textos (entrada).

2. El software interpreta y organiza esa información (proceso).

3. El resultado aparece en pantalla o se imprime (salida).

Este ciclo, que parece simple, sustenta desde tareas básicas hasta operaciones científicas avanzadas.

b) Tipos de ordenadores

En la actualidad, el término "ordenador" se aplica a una amplia variedad de dispositivos:

- **Ordenadores de sobremesa**: potentes y ampliables.

- **Portátiles**: combinan rendimiento y movilidad.

- **Ultrabooks**: finos, ligeros y eficientes para trabajo móvil.

- **Tabletas y convertibles**: integran pantalla táctil y teclado opcional.

- **Servidores**: gestionan aplicaciones, bases de datos y redes.

- **Microordenadores**: Raspberry Pi, utilizados en aprendizaje y electrónica.

- **Estaciones de trabajo**: diseñadas para tareas de alta carga (diseño 3D, IA).

Cada tipo responde a necesidades distintas, desde estudiantes que escriben ensayos hasta empresas que administran datos de cientos de usuarios.

1.1.3 Hardware esencial del ordenador

El hardware es el conjunto de elementos físicos que componen el ordenador. Comprenderlo permite mejorar el mantenimiento, identificar problemas y evaluar las necesidades según el uso.

a) Componentes internos fundamentales

Todos los ordenadores parten de la misma arquitectura básica:

CPU o procesador

Es el "cerebro" del sistema. Su función es interpretar instrucciones y coordinar el funcionamiento general.

Características clave:

- Velocidad (GHz).
- Número de núcleos.
- Arquitectura del procesador.

Cuanto mayor sea su capacidad, más rápido serán los cálculos y las operaciones complejas.

Memoria RAM

Almacena temporalmente datos en uso. Determina la capacidad multitarea del equipo.

Ejemplos:

- Con 4 GB: tareas básicas.
- Con 8 GB: uso estándar.
- Con 16 GB o más: diseño, programación avanzada.

Almacenamiento permanente

Dos tecnologías principales:

- **HDD**: más económicos, mecánicos y lentos.
- **SSD**: más rápidos, silenciosos y resistentes.

Los SSD han transformado el rendimiento de los equipos modernos.

Placa base

Interconecta todos los componentes. Permite la comunicación interna y define la compatibilidad del sistema.

Tarjetas adicionales

- Tarjetas gráficas dedicadas.
- Tarjetas de sonido.
- Adaptadores de red.

Estas tarjetas amplían funciones específicas del ordenador.

1.1.4 Dispositivos digitales complementarios

El ecosistema TIC va mucho más allá del ordenador:

▶ **Smartphones**: imprescindibles para comunicación, navegación, redes sociales y apps.

▶ **Tabletas**: útiles para educación, lectura y diseño.

▶ **Smart TV**: acceso a contenidos web.

▶ **Relojes inteligentes**: monitorización de salud y notificaciones.

▶ **Dispositivos IoT**: sensores, cámaras, altavoces inteligentes.

Todos se integran en redes domésticas o corporativas, sincronizando datos y aplicaciones.

1.1.5 Concepto y tipos de software

El software es el componente lógico del sistema: programas, aplicaciones y datos que permiten utilizar el hardware.

Se divide en dos grandes categorías:

a) Software de sistema

Incluye:

- Sistemas operativos (Windows, macOS, Linux).
- Controladores o drivers.
- Herramientas de administración.

Su función es gestionar el hardware y ofrecer una interfaz de uso al usuario.

b) Software de aplicación

Son programas destinados a tareas específicas:

- Procesadores de texto.
- Navegadores web.
- Programas de edición.
- Aplicaciones móviles.
- Suites empresariales.

Gracias al software de aplicación es posible escribir documentos, comunicarse, diseñar, estudiar o trabajar.

1.1.6 Licencias de software y propiedad intelectual digital

El software no se compra: se licencia. Esto significa que el usuario adquiere el derecho a utilizar un programa bajo ciertas condiciones.

a) Tipos de licencias

Las más comunes son:

- Propietario (uso restringido).
- Libre (permite modificar y distribuir).
- Código abierto (open source).
- Freeware (gratis, sin acceso al código).
- Shareware (prueba o demo).
- OEM (vinculada al dispositivo).

b) Riesgos del uso indebido

- Sanciones legales.
- Virus o malware oculto en software pirata.
- Falta de actualizaciones.
- Vulnerabilidad ante ataques.

c) Propiedad intelectual digital

Protege las creaciones digitales: software, imágenes, textos, vídeos, música, gráficos.

Incluye:

- Derechos de autor.
- Creative Commons.
- Licencias abiertas/modificadas.

Conocer este marco permite usar contenidos digitales con responsabilidad y dentro de la legalidad.

1.2 ESCRITORIO, ICONOS Y CONFIGURACIÓN

El escritorio constituye el punto de entrada a la interacción digital dentro de cualquier sistema operativo moderno. Para un usuario que inicia su actividad frente a un ordenador, la primera impresión del entorno visual influye directamente en su productividad, en su capacidad de navegación y en la correcta organización del trabajo. Lejos de ser únicamente una "imagen de fondo" sobre la que se depositan iconos, el escritorio es un espacio estructurado que integra accesos directos, menús, barras, notificaciones, áreas de trabajo, herramientas de personalización y opciones de configuración que permiten adaptar el sistema a las necesidades específicas del usuario.

Aprender a utilizar el escritorio de manera eficaz significa dominar una serie de competencias clave: reconocer los elementos principales de la interfaz, gestionar ventanas, organizar iconos, configurar la distribución del entorno, controlar herramientas del sistema y optimizar el área de trabajo. Todas estas capacidades forman parte del nivel básico y medio de alfabetización digital, y resultan imprescindibles tanto en entornos profesionales como educativos.

En este apartado se desarrollan de manera detallada todos los conceptos asociados al escritorio, siguiendo un enfoque eminentemente práctico, con explicaciones extensas y ejemplos aplicados que facilitan el aprendizaje.

1.2.1 Concepto de escritorio y áreas de trabajo

El escritorio es el espacio visual principal del sistema operativo. Representa el entorno gráfico donde el usuario interactúa con aplicaciones y documentos mediante elementos como iconos, carpetas, ventanas, barras de herramientas y menús. Su objetivo es facilitar la ejecución de tareas a través de una interfaz intuitiva y accesible.

1.2.1.1 FUNCIONES PRINCIPALES DEL ESCRITORIO

El escritorio cumple varias funciones esenciales para la experiencia digital:

➤ Presentar un espacio organizado para iniciar programas y gestionar archivos.

➤ Albergar iconos, accesos directos y elementos del sistema.

➤ Permitir la visualización y manipulación de ventanas de aplicaciones.

➤ Ofrecer un espacio personalizable adaptado a la actividad del usuario.

➤ Integrar herramientas de notificación y de configuración rápida.

➤ Facilitar el uso de escritorios virtuales o múltiples áreas de trabajo.

La estructura del escritorio varía ligeramente entre sistemas operativos como Windows, macOS y Linux, pero los principios generales se mantienen, lo que permite transferir fácilmente el aprendizaje de un entorno a otro.

1.2.2 Escritorios virtuales y organización del trabajo

Los escritorios virtuales son áreas de trabajo adicionales que permiten distribuir las tareas en espacios independientes. Se introdujeron para mejorar la organización y reducir la saturación de ventanas en el escritorio principal.

1.2.2.1 UTILIDAD DE LOS ESCRITORIOS VIRTUALES

Los escritorios virtuales permiten:

- **Separar proyectos:** por ejemplo, uno para ofimática, otro para navegación y otro para diseño.

- **Reducir el desorden visual:** evitando acumular decenas de ventanas en un solo escritorio.

- **Mejorar el enfoque:** cada actividad se asocia a un entorno específico.

- **Aumentar la productividad:** especialmente en puestos de trabajo multitarea.

- **Optimizar pantallas pequeñas:** como portátiles de 13 o 14 pulgadas.

1.2.2.2 ESCRITORIOS VIRTUALES EN DISTINTOS SISTEMAS

Sistema operativo	Herramienta	Acceso rápido	Características
Windows 10/11	Vista de tareas.	WIN + TAB.	Añadir escritorios, mover ventanas, ver cronología.
macOS	Mission Control.	F3 o swipe.	Espacios dinámicos, integración con el Dock.
Linux	Workspaces.	SUPER + teclado.	Número variable, muy configurable.

1.2.3 Iconos: tipos, funciones y organización

Los iconos son representaciones visuales que permiten identificar aplicaciones, archivos, carpetas o funciones del sistema. Su correcta organización contribuye a un entorno de trabajo ordenado y funcional.

1.2.3.1 TIPOS DE ICONOS

a) **Iconos de aplicaciones**

Representan programas instalados (Word, Excel, navegador, editor de imágenes).

b) **Iconos de archivos**

Representan documentos individuales: textos, imágenes, audios, PDFs, etc.

c) **Iconos de carpetas**

Permiten agrupar archivos según categorías, proyectos o usos.

d) **Iconos del sistema**

Incluyen elementos como:

- **Papelera de reciclaje.**
- **Este equipo / Mi PC.**
- **Red.**
- **Configuración.**

1.2.3.2 TÉCNICAS DE ORGANIZACIÓN DEL ESCRITORIO

- Crear grupos temáticos.
- Utilizar carpetas para proyectos grandes.
- Eliminar accesos directos obsoletos.
- Evitar almacenar documentos importantes en el escritorio.
- Activar la función de "alinear a la cuadrícula" para mantener orden.

1.2.3.3 EJEMPLO

Un usuario de oficina podría organizar su escritorio así:

Carpeta	Contenido
Proyectos 2026	Documentos, presentaciones, hojas de cálculo.
Clientes	Subcarpetas por cliente.
Herramientas	Accesos directos a software habitual.
Descargas	Elementos descargados pendientes de organizar.

1.2.4 Ventanas: estructura, manejo y productividad

Las ventanas son el marco donde se ejecutan las aplicaciones. Saber manejarlas permite trabajar de forma rápida y fluida con múltiples programas.

1.2.4.1 PARTES DE UNA VENTANA

Toda ventana estándar incluye:

- **Barra de título:** nombre de la aplicación o documento.
- **Botones de control:** minimizar, maximizar/restaurar y cerrar.
- **Área de contenido:** parte central donde se muestra la aplicación.
- **Barras de desplazamiento:** permiten navegar por contenido grande.
- **Marco redimensionable:** para ajustar tamaño.

1.2.4.2 ACCIONES BÁSICAS DE UNA VENTANA

- **Minimizar:** oculta la ventana sin cerrarla.
- **Maximizar:** usa toda la pantalla disponible.
- **Restaurar:** devuelve la ventana a su tamaño anterior.
- **Cerrar:** finaliza la aplicación o documento.
- **Mover:** arrastrar desde la barra de título.
- **Cambiar tamaño:** arrastrar desde bordes o esquinas.

1.2.4.3 GESTIÓN AVANZADA PARA AUMENTAR PRODUCTIVIDAD

a) **Distribución inteligente (Snap Layouts en Windows 11)**

Permite colocar simultáneamente:

- Dos ventanas compartiendo pantalla.
- Tres ventanas distribuidas.
- Cuatro ventanas en cuadrícula.

b) **Mantener una ventana "siempre visible"**

Útil para:

- Calculadoras.
- Ventanas de referencia.
- Documentos con instrucciones.

c) **Conmutación rápida entre programas**

- ALT + TAB (Windows).
- CMD + TAB (macOS).
- SUPER + TAB (Linux).

1.2.5 Barra de tareas, Dock y paneles

Estos elementos sirven para acceder rápidamente a aplicaciones, ventanas abiertas y configuraciones esenciales.

1.2.5.1 BARRA DE TAREAS (WINDOWS)

Incluye:

- Botón Inicio.
- Programas fijados.
- Ventanas abiertas.
- Área de notificación con reloj, red y sonido.

Funciones destacadas:

- Anclar aplicaciones usadas frecuentemente.
- Previsualizar ventanas al pasar el ratón.
- Acceder a configuración rápida del sistema.

1.2.5.2 DOCK (MACOS)

Permite:

- Abrir aplicaciones de uso habitual.
- Ver programas activos.
- Acceder a la carpeta de descargas.

Se caracteriza por su diseño minimalista y muy visual.

1.2.5.3 PANELES DE LINUX

Entornos como GNOME, KDE o XFCE permiten personalizar:

- Múltiples paneles.
- Widgets informativos.
- Accesos directos a herramientas.

1.2.6 Personalización del escritorio

Personalizar el entorno mejora la comodidad, la productividad y reduce la fatiga visual.

1.2.6.1 TEMAS Y COLORES

El usuario puede modificar:

- Estilo de las ventanas.
- Iconos.
- Animaciones.
- Paletas de colores.
- Modo claro u oscuro.

1.2.6.2 FONDO DE PANTALLA

Recomendaciones:

- Imágenes suaves y sin excesivo contraste.
- Evitar fondos saturados que distraigan.
- Usar tonos azulados para mejorar concentración.

1.2.6.3 DISTRIBUCIÓN DEL ESCRITORIO

Incluye:

- Ubicación de iconos.
- Posición de paneles o barras.
- Escritorios virtuales disponibles.

1.2.6.4 ATAJOS DE TECLADO ÚTILES

- **CTRL + C / V / X:** copiar, pegar, cortar.
- **CTRL + Z:** deshacer.
- **WIN + D:** mostrar escritorio.
- **WIN + E:** abrir explorador.
- **ALT + TAB:** cambiar de aplicación.

1.2.7 Herramientas de configuración

Los sistemas operativos incluyen paneles o centros de control para configurar el sistema.

1.2.7.1 CONFIGURACIÓN EN WINDOWS

Permite ajustar:

- Sistema (pantalla, sonido, energía).
- Dispositivos (impresoras, Bluetooth).
- Red e Internet.
- Personalización.
- Privacidad y seguridad.
- Cuentas de usuario.

1.2.7.2 PREFERENCIAS DE MACOS

Permiten gestionar:

- Escritorio y Dock.
- Seguridad y privacidad.
- Idioma y región.
- Almacenamiento y batería.
- Accesibilidad.

1.2.7.3 CONFIGURACIÓN EN LINUX

Centros como GNOME Control Center permiten configurar:

- Apariencia.
- Energía.
- Comportamiento de ventanas.
- Redes y dispositivos.
- Gestor de actualizaciones.

1.2.8 Recomendaciones para el uso del escritorio

- Mantener una organización visual clara.
- Usar escritorios virtuales para separar proyectos.
- Reducir iconos en pantalla y agruparlos en carpetas.
- Configurar aplicaciones predeterminadas.
- Ajustar brillo y activar modo oscuro según ambiente.
- Realizar mantenimiento periódico del escritorio.

1.3 RESULTADOS DEL TRABAJO: CREACIÓN DE TEXTOS, FORMATO, GESTIÓN DEL DOCUMENTO E IMPRESIÓN

La creación y manipulación de documentos digitales es una de las competencias más esenciales dentro del uso cotidiano del ordenador. Tanto en contextos educativos como en empresas, administraciones públicas y actividades personales, el usuario necesita producir textos de forma precisa, clara, ordenada y profesional. Un documento digital no es solo una colección de palabras: implica estructura, diseño, formato, integración de elementos gráficos y dominio de herramientas de edición. Además, su correcta gestión—guardar, organizar, versionar, exportar e imprimir—forma parte de un proceso completo que requiere criterio y habilidad.

Este apartado proporciona una visión ampliada y progresiva de todo el ciclo de trabajo con documentos digitales. Comienza explicando qué es un documento, por qué resulta tan relevante y qué ventajas ofrece frente al documento físico tradicional; continúa con un análisis exhaustivo de los procesadores de texto, sus herramientas y modos de trabajo; y se adentra después en la redacción, el formato, los elementos gráficos, la gestión del documento y la preparación para la impresión.

El objetivo es que el lector pueda crear documentos sólidos, bien estructurados y visualmente correctos, siguiendo los estándares habituales en entornos académicos, profesionales y administrativos.

1.3.1 Concepto de documento digital y usos habituales

Un documento digital es un archivo electrónico que almacena información estructurada mediante texto, imágenes, tablas u otros elementos. A diferencia del documento físico, puede editarse indefinidamente sin deterioro, compartirse instantáneamente y almacenarse en múltiples dispositivos o en la nube.

Ventajas del documento digital frente al físico

- **Edición ilimitada** sin necesidad de reescribir desde cero.

- **Distribución inmediata** por correo electrónico, plataformas educativas o mensajería.

- **Ahorro económico** en papel, tinta y almacenamiento físico.

- **Compatibilidad** con herramientas de búsqueda, corrección automática y versiones.

- **Integración multimedia**, algo imposible en un documento tradicional.

- **Copias de seguridad automáticas**, que disminuyen el riesgo de pérdida.

- **Accesibilidad**, con opciones de lectura en voz alta, ampliación de texto o traducción.

Usos habituales en distintos contextos

Ámbito académico

- Entrega de trabajos escritos.
- Elaboración de apuntes y resúmenes.
- Creación de informes de investigación.
- Trabajos colaborativos en línea con Google Docs.

Ámbito profesional

⊮ Informes corporativos.

⊮ Documentación técnica.

⊮ Propuestas comerciales.

⊮ Actas de reuniones.

⊮ Formularios y plantillas administrativas.

Ámbito personal

⊮ Presupuestos, listas, recetas o diarios personales.

⊮ Organización familiar (calendarios, tareas).

⊮ Currículum vitae y cartas de presentación.

Los documentos digitales se han convertido en el formato universal para comunicar y almacenar información en prácticamente cualquier entorno.

1.3.2 Procesadores de texto: herramientas y entorno de trabajo

El procesador de texto es el programa diseñado específicamente para crear, editar y dar formato a documentos digitales. A pesar de sus diferencias estéticas, la mayoría de ellos comparten los mismos principios de funcionamiento.

Ejemplos de procesadores de texto

⊮ **Microsoft Word** – estándar profesional más extendido.

⊮ **Google Docs** – edición colaborativa en tiempo real.

⊮ **LibreOffice Writer** – software libre y multiplataforma.

⊮ **WPS Writer** – alternativa ligera y compatible con DOCX.

⊮ **Apple Pages** – integración nativa en el ecosistema macOS.

Estructura típica del entorno de trabajo

Aunque cada programa presenta variaciones, comparten elementos:

a) **Barra de herramientas principal**

Incluye funciones como:

- Fuente, tamaño, negrita, cursiva, subrayado.
- Alineación: izquierda, centro, derecha, justificada.
- Estilos (títulos, subtítulos).
- Insertar imágenes, tablas, formas, encabezados.

b) **Menús o cinta superior**

Organizados en pestañas (Inicio, Insertar, Diseño, Revisar, Vista).

c) **Área principal de edición**

Espacio donde el usuario redacta el documento.

d) **Panel lateral (en algunos programas)**

Para estilos, navegación por títulos o propiedades del documento.

e) **Barra de estado**

Muestra:

- Número de páginas.
- Conteo de palabras.
- Idioma de corrección.
- Estado del zoom.

f) **Modos de visualización**

- Vista de impresión.
- Vista de lectura.
- Vista web.
- Vista de esquema.

1.3.3 Redacción y estructura de documentos

Una buena redacción requiere claridad, coherencia y organización lógica. Los documentos deben seguir una estructura que favorezca la comprensión por parte del lector.

Estructura básica de un documento

a) **Introducción**

- Presenta el tema.
- Define objetivos.
- Explica el contexto.

b) **Desarrollo**

- Expone las ideas principales.
- Incluye explicaciones, ejemplos y datos.
- Sigue un orden lógico (cronológico, temático o jerárquico).

c) **Conclusión**

- Resume ideas centrales.
- Cierra el contenido con una reflexión o recomendación.

Principios de redacción clara

- Usar frases cortas y directas.
- Evitar tecnicismos innecesarios.
- Mantener cohesión mediante conectores ("por tanto", "además").
- Revisar ortografía y gramática al finalizar.

Uso de estilos

Los estilos permiten aplicar una estructura visual coherente:

Estilo	Uso
Título 1	Capítulos principales.
Título 2	Subapartados.
Título 3	Secciones internas.
Párrafo normal	Texto del cuerpo.

Ventajas de usar estilos:

- Generación automática del índice.
- Facilita modificaciones globales.
- Estandariza la organización visual.

1.3.4 Formato del texto y diseño básico del documento

El formato de texto determina la apariencia visual del documento, contribuyendo a su claridad y profesionalidad.

a) **Tipografía y tamaño**

Las fuentes más habituales son:

- Arial (moderna).
- Times New Roman (formal).
- Calibri (estándar corporativo).
- Verdana (gran legibilidad en pantalla).

Tamaños recomendados:

- Cuerpo del texto: 11–12 puntos.
- Títulos: entre 14 y 20 puntos según jerarquía.

b) **Atributos del texto**

- **Negrita:** para destacar ideas principales.
- **Cursiva:** para títulos de obras o énfasis suave.
- **Subrayado:** con moderación.
- **Color:** para resaltar, pero evitando estridencias.

c) **Alineación**

- Izquierda: preferida para párrafos generales.
- Centrada: títulos o portadas.
- Justificada: aspecto formal, común en informes.

d) **Interlineado y espaciado**

Interlineado habitual:

- Académico: 1,5.
- Profesional: 1,15 – 1,25.

Espaciado antes y después de párrafos mejora la legibilidad.

e) **Listas numeradas y con viñetas**

Muy útiles para:

- Procedimientos.
- Resumen de ideas clave.
- Enumeración de elementos.

1.3.5 Inserción de elementos gráficos y tablas

Los elementos visuales enriquecen la comprensión cuando se utilizan con criterio.

a) **Imágenes**

Incluyen fotografías, ilustraciones o capturas de pantalla.

Recomendaciones:

- Mantener proporción.
- Usar alineación adecuada (izquierda, centro).
- Añadir texto alternativo si es necesario.

b) **Tablas**

Una tabla permite organizar información de forma clara:

Elemento	Uso
Filas y columnas.	Presentación estructurada de datos.
Encabezados.	Identifican categorías.
Bordes.	Delimitan información.

c) **Gráficos**

Útiles para:

- Mostrar tendencias.
- Comparar datos.
- Explicar procesos.

d) **Formas y cuadros de texto**

Sirven para diagramas, esquemas o remarcar contenido importante.

1.3.6 Gestión del documento y control de versiones

La gestión correcta del documento evita pérdidas de información y facilita el trabajo ordenado.

a) **Guardado**

Existen tres tipos principales:

- Guardado manual.
- Guardado automático (Autosave).
- Guardado en la nube.

b) **Nombres de archivo**

Un nombre informativo facilita localizar el documento:

Ejemplo:

Informe_ventas_2026_v3.docx.

c) **Formatos más habituales**

Formato	Uso
DOCX	Edición estándar en Word.
ODT	Formato libre (LibreOffice).
PDF	Documento final no editable.

d) **Control de versiones**

Consiste en guardar distintas etapas del documento:

- Versión 1 (borrador).
- Versión 2 (revisado).
- Versión final (entrega).

Google Docs permite historial automático con fechas y autores.

e) **Seguridad del documento**

Opciones:

- Contraseñas de apertura.
- Restricción de edición.
- Protección contra copia.

1.3.7 Preparación para la impresión y configuración de página

Antes de imprimir, es necesario revisar el documento para asegurar coherencia visual y evitar errores.

a) **Configuración de página**

Elementos configurables:

- Márgenes (2–2,5 cm en documentos formales).
- Orientación (vertical u horizontal).
- Tamaño del papel (A4 habitual).
- Encabezados y pies de página.
- Numeración automática.

b) **Vista preliminar**

Permite:

- Observar diseño final.
- Detectar errores de paginación.
- Revisar imágenes, tablas o saltos de página.

1.3.8 Proceso de impresión, problemas frecuentes y recomendaciones

La impresión convierte el documento digital en un soporte físico. Aunque parece una acción simple, implica tomar decisiones y aplicar configuraciones adecuadas.

a) **Selección de impresora**

Tipos de impresoras:

- Local (USB).
- En red (Wi-Fi / LAN).
- Virtual (PDF).

b) **Parámetros principales**

- Número de copias.
- Impresión a una o doble cara.
- Color o blanco y negro.
- Calidad del trabajo (borrador, normal, alta).
- Páginas específicas (por ejemplo, 3–6).

c) **Problemas habituales**

1. **La impresora no responde**
   Causas posibles:
   - Sin conexión.
   - Cola de impresión bloqueada.
   - Controladores desactualizados.

2. **El documento sale desconfigurado**
   Motivos:

   - Tipografías no instaladas.
   - Conversión errónea a PDF.
   - Imágenes demasiado grandes.

3. **Mala calidad de impresión**
   Puede deberse a:

   - Tinta baja.
   - Papel inadecuado.
   - Impresora sin mantenimiento.

d) Recomendaciones **de impresión**

   - Revisar ortografía y formato antes de imprimir.
   - Usar vista previa siempre.
   - Imprimir solo lo necesario.
   - Elegir modo borrador para documentos internos.
   - Comprobar tinta y papel antes de iniciar el trabajo.

1.4 GESTIÓN DE ARCHIVOS: ORGANIZACIÓN, ALMACENAMIENTO Y COMPRESIÓN

La gestión de archivos es una de las competencias digitales más importantes en el uso cotidiano del ordenador. Cada vez que creamos un documento, descargamos una imagen, instalamos un programa, guardamos una foto del móvil o enviamos un archivo adjunto por correo, estamos trabajando con archivos y carpetas. Si no existe un criterio claro de organización, la información se dispersa, se duplican documentos, se pierden versiones importantes y se desperdicia tiempo buscando datos que "sabemos que están en alguna parte".

Por el contrario, cuando el usuario domina los conceptos básicos de archivo, carpeta, sistema de archivos, almacenamiento local y en la nube, compresión y copias de seguridad, puede trabajar de forma ordenada, eficiente y segura. En este apartado se explican todos estos elementos de manera progresiva, con un enfoque práctico orientado a que el lector pueda aplicar los contenidos en su propio entorno digital.

1.4.1 Concepto de archivo y tipos de archivos digitales

Un archivo es una unidad de información almacenada en un dispositivo digital, identificada por un nombre y una extensión. Cada archivo contiene datos en un determinado formato y está asociado a una o varias aplicaciones capaces de abrirlo o modificarlo.

a) **Partes del nombre de un archivo**

En la mayoría de sistemas operativos, el nombre de un archivo se compone de tres elementos:

- Nombre descriptivo: identifica el contenido del archivo.
- Punto separador: indica que a continuación aparece la extensión.
- Extensión: define el tipo de archivo y su formato interno.

Ejemplos:

- informe_auditoria_enero.docx.
- foto_viaje_roma.jpg.
- presentacion_proyecto_final.pptx.

La extensión permite al sistema operativo asociar el archivo a un programa por defecto. Así, al hacer doble clic sobre un .docx, se abre el procesador de textos; sobre un .jpg, el visor de imágenes; y sobre un .mp4, el reproductor de vídeo.

b) **Grandes familias de archivos**

Aunque existen cientos de formatos, es útil agruparlos en categorías:

- Archivos de texto y documentos: .txt, .docx, .odt, .pdf.
- Archivos de hoja de cálculo y datos: .xlsx, .ods, .csv.
- Archivos de presentación: .pptx, .odp.
- Archivos de imagen: .jpg, .png, .gif, .tiff.
- Archivos de audio y vídeo: .mp3, .wav, .mp4, .avi, .mkv.
- Archivos comprimidos: .zip, .rar, .7z, .tar.gz.
- Archivos ejecutables o instaladores: .exe, .msi, .pkg, .apk (en móviles).

Conocer la extensión ayuda a decidir cómo abrir el archivo, qué programa utilizar y qué precauciones tomar (por ejemplo, con archivos ejecutables o adjuntos sospechosos).

1.4.2 Carpetas, subcarpetas y estructura jerárquica del sistema de archivos

Una carpeta es un contenedor virtual que agrupa archivos y otras carpetas (subcarpetas). Su función principal es facilitar la organización de la información.

a) **Estructura en forma de árbol**

El sistema de archivos se organiza como un árbol:

- Una unidad o raíz principal (por ejemplo, C: en Windows).
- Carpetas principales (Documentos, Imágenes, Descargas, Música).
- Subcarpetas dentro de cada una de ellas.
- Archivos almacenados en distintas ramas.

Ejemplo de estructura:

- Documentos.
  - Proyectos.
    - Proyecto_A.
      - Informe_A.docx.
      - Datos_A.xlsx.
    - Proyecto_B.
  - Facturas.
    - 2024.
    - 2025.

Esta estructura jerárquica permite localizar los archivos siguiendo una ruta ordenada, como por ejemplo:

C:\Usuarios\Ana\Documentos\Proyectos\Proyecto_A\Informe_A.docx.

b) **Ventajas de una buena jerarquía de carpetas**

- Facilita la localización rápida de documentos.
- Evita duplicados innecesarios.
- Permite separar proyectos, años o clientes.
- Favorece las copias de seguridad ordenadas.

Una estructura caótica, con todos los archivos en el Escritorio o en Descargas, termina dificultando el trabajo diario y aumenta el riesgo de pérdida de información.

1.4.3 Administradores de archivos en distintos sistemas operativos

Para gestionar archivos y carpetas, los sistemas operativos incluyen programas específicos:

- En Windows: explorador de archivos.
- En macOS: Finder.
- En Linux: gestores como Nautilus (GNOME), Dolphin (KDE), Thunar (XFCE), entre otros.

Estos administradores permiten:

- Ver el contenido de unidades y carpetas.
- Crear nuevas carpetas.
- Copiar, mover, renombrar o eliminar archivos.
- Ordenar por nombre, fecha, tamaño o tipo.
- Buscar archivos por nombre o tipo.
- Acceder a unidades externas y a ubicaciones de red.

Comprender el funcionamiento básico del administrador de archivos es indispensable para cualquier usuario, ya que es la "puerta de entrada" al sistema de información del equipo.

1.4.4 Estrategias de organización eficiente de archivos y carpetas

La organización no consiste solo en "tener carpetas", sino en aplicar un criterio estable en el tiempo. Cada usuario o empresa puede desarrollar su propio sistema, pero es importante que sea coherente, comprensible y sencillo.

a) **Principios generales de organización**

- Agrupar documentos por temática, proyecto o área (trabajo, estudios, personal).
- Crear subcarpetas para años, clientes o asignaturas.
- Evitar usar el Escritorio como almacén principal.
- Mantener vacía o limpia la carpeta Descargas, moviendo los archivos a su destino definitivo.
- Revisar periódicamente para eliminar archivos obsoletos o duplicados.

b) **Nomenclatura clara de archivos**

Un buen nombre de archivo debe ser:
- Descriptivo: "acta_reunion_2025-03-10.docx".
- Coherente con otros archivos del mismo proyecto.
- Libre de caracteres problemáticos como / * ? < > |.
- Ordenable por fecha si se usa el formato AAAA-MM-DD.

Ejemplos:
- informe_auditoria_clienteX_2025-02-15.pdf.
- cv_nombre_apellidos_2025.docx.
- proyecto_web_memoria_v2.docx.

Nombres genéricos como "documento1.docx" o "nuevo.pdf" dificultan la localización y obligan a abrirlos para saber su contenido.

1.4.5 Operaciones básicas con archivos y carpetas

El usuario debe manejar con soltura las operaciones más habituales, ya que forman parte del día a día en cualquier entorno informático.

a) **Crear archivos y carpetas**
- Crear una nueva carpeta para agrupar documentos de un proyecto.
- Guardar un nuevo archivo desde un programa eligiendo su ubicación correcta.

b) **Copiar, mover y renombrar**

- Copiar: genera una copia del archivo en otra ubicación sin eliminar el original.

- Mover: traslada el archivo de una carpeta a otra, eliminándolo de la ubicación anterior.

- Renombrar: permite cambiar el nombre del archivo para hacerlo más descriptivo.

Estas operaciones pueden realizarse mediante:

- Botones y menús contextuales (clic derecho).
- Atajos de teclado (Ctrl + C, Ctrl + X, Ctrl + V).
- Arrastrar y soltar con el ratón.

c) **Eliminar y restaurar**

- Al eliminar un archivo, normalmente pasa a la Papelera de reciclaje (Windows) o a la Papelera (macOS).

- Desde allí puede restaurarse si la eliminación fue accidental.

- Si se vacía la papelera, la recuperación se complica y puede requerir herramientas especiales.

Por ello, conviene revisar siempre qué se va a eliminar antes de vaciar la papelera.

1.4.6 Búsqueda de archivos

Cuando la organización falla o simplemente no recordamos dónde guardamos algo, la función de búsqueda resulta imprescindible.

Los administradores de archivos y los sistemas operativos permiten buscar según:

- Nombre del archivo o parte del nombre.
- Tipo de archivo (documento, imagen, vídeo).
- Fecha de modificación.
- Tamaño aproximado.
- En algunos casos, contenido interno (por ejemplo, palabras dentro de un documento).

Recomendaciones:

▶ Recordar palabras clave del nombre o del contenido.

▶ Limitar la búsqueda a una carpeta o unidad concreta para no escanear todo el sistema.

▶ Usar filtros de fecha cuando se sabe aproximadamente cuándo se creó o modificó el archivo.

1.4.7 Almacenamiento local, externo y en la nube

Los archivos no solo se guardan en el disco interno del ordenador. Hoy en día, existen múltiples opciones de almacenamiento que conviene conocer.

a) **Almacenamiento local**

Incluye:
- Disco duro (HDD) interno.
- Unidad de estado sólido (SSD).
- Memoria interna de tablets o smartphones.

Ventajas:
- Acceso rápido sin conexión a Internet.
- Mayor control directo del usuario.

Limitaciones:
- Riesgo de pérdida por avería física, robo o fallo del sistema.
- Capacidad limitada.

b) **Almacenamiento externo**

Se trata de dispositivos conectados desde el exterior:
- Memorias USB.
- Discos duros externos.
- Tarjetas SD.

Son útiles para:
- Transportar información entre equipos.
- Realizar copias de seguridad.
- Ampliar temporalmente la capacidad de almacenamiento.

c) **Almacenamiento en la nube**

Consiste en guardar archivos en servidores remotos accesibles por Internet:

- Google Drive.
- OneDrive.
- Dropbox.
- iCloud.

Ventajas:

- Acceso desde distintos dispositivos.
- Sin riesgo de pérdida física por avería del equipo.
- Posibilidad de compartir documentos fácilmente.

Aspectos a tener en cuenta:

- Depender de la conexión a Internet.
- Respetar la confidencialidad y la seguridad de los datos.
- Comprobar la capacidad gratuita disponible y, si es necesario, valorar planes de pago.

1.4.8 Copias de seguridad y protección frente a pérdida de datos

Las copias de seguridad (backups) son esenciales para evitar la pérdida definitiva de información por fallos del sistema, virus, errores humanos o robos.

a) **Tipos de copias de seguridad**

- Copia completa: incluye todos los archivos seleccionados.
- Copia incremental: solo guarda los cambios desde la última copia.
- Copia diferencial: guarda los cambios desde la última copia completa.

b) **Estrategias recomendadas**

Una estrategia muy extendida es la regla 3-2-1:

- Tener al menos tres copias de los datos.
- Guardarlas en dos tipos de soportes distintos (por ejemplo, disco interno y disco externo).
- Mantener al menos una copia fuera del lugar habitual (por ejemplo, en la nube).

Recomendaciones:

- Programar copias automáticas periódicas.
- Verificar de vez en cuando que las copias pueden restaurarse correctamente.
- Proteger las copias con contraseña si contienen información sensible.

1.4.9 Compresión de archivos y envíos eficientes

La compresión permite reducir el tamaño de uno o varios archivos agrupándolos en un único contenedor.

a) **Función de la compresión**

- Disminuir el espacio ocupado en disco.
- Facilitar el envío de múltiples archivos en un solo paquete.
- Proteger el contenido mediante contraseña, en algunos formatos.

b) **Formatos y programas habituales**

Formatos de compresión:

- .zip (muy extendido y compatible).
- .rar.
- .7z.
- .tar.gz (muy común en entornos Linux).

Programas:

- Herramientas integradas del sistema (Windows y macOS descomprimen .zip).

- 7-Zip.

- WinRAR.

- WinZip.

c) **Uso típico en entornos académicos y profesionales**

Ejemplos:

- Enviar por correo una carpeta completa de documentos comprimida como proyecto_final.zip.

- Archivar trabajos antiguos en paquetes comprimidos para liberar espacio.

- Descargar material formativo agrupado en un solo archivo.

1.4.10 Seguridad en la gestión de archivos

Por último, la gestión de archivos debe incluir medidas de seguridad básicas.

Recomendaciones:

▶ No abrir archivos adjuntos de correos sospechosos.

▶ Evitar ejecutar programas descargados de páginas no oficiales.

▶ Analizar con antivirus los archivos procedentes de memorias USB desconocidas.

▶ Usar permisos de acceso adecuados en entornos compartidos (por ejemplo, en redes de empresa).

▶ Cifrar archivos o carpetas cuando contengan información especialmente sensible.

La gestión de archivos es una habilidad transversal que acompaña al usuario en todas sus actividades digitales. Saber qué es un archivo, cómo se organiza en carpetas, cómo se buscan documentos, qué opciones de almacenamiento existen, cómo se hacen copias de seguridad y cómo se comprimen datos permite trabajar de forma más profesional, ahorrar tiempo y reducir considerablemente el riesgo de pérdida de información. Este apartado completa la base técnica del módulo, preparando al lector para un uso avanzado y seguro del ordenador en cualquier contexto académico o laboral.

1.5 REDES

Las redes informáticas constituyen uno de los pilares fundamentales del mundo digital contemporáneo. Gracias a ellas podemos navegar por Internet, intercambiar archivos, enviar correos electrónicos, participar en videoconferencias, acceder a plataformas educativas, utilizar servicios en la nube y colaborar en proyectos. Aunque desde la perspectiva del usuario parezca un proceso simple —por ejemplo, conectarse al Wi-Fi de casa—, detrás existe una estructura compleja que permite que la información viaje ordenadamente entre dispositivos, servidores y aplicaciones.

Dominar los conceptos básicos sobre redes es esencial para cualquier persona que utilice tecnología de forma habitual, pues permite comprender cómo se conecta un dispositivo, qué elementos necesita una red, qué diferencias existen entre conexiones cableadas e inalámbricas y qué medidas de seguridad deben implementarse para evitar riesgos. Este apartado explica de manera progresiva y didáctica los fundamentos de las redes, incorporando ejemplos cotidianos que facilitan su comprensión.

1.5.1 Concepto de red informática y funciones principales

Una red informática es un conjunto de dispositivos conectados entre sí para compartir información, recursos y servicios. Estos dispositivos pueden ser ordenadores, teléfonos móviles, impresoras, tabletas, servidores, cámaras, televisores inteligentes y un largo etcétera.

Las redes permiten:

▼ Comunicar dispositivos entre sí sin necesidad de soportes físicos como USB o discos externos.

▼ Compartir documentos, carpetas y recursos de forma centralizada.

▼ Acceder a Internet desde múltiples equipos.

▼ Utilizar aplicaciones colaborativas en línea.

▼ Conectar impresoras o unidades de almacenamiento accesibles por varios usuarios.

▼ Facilitar la administración de sistemas y servicios digitales.

Una red puede ser tan pequeña como dos dispositivos conectados mediante un cable o tan grande como Internet, considerada la mayor red del mundo, formada por millones de redes interconectadas.

1.5.2 Elementos básicos de una red

Para que una red funcione correctamente, necesita la combinación de tres tipos de componentes: dispositivos finales, dispositivos de interconexión y medios de transmisión.

a) **Dispositivos finales**

Son los equipos que el usuario emplea para conectarse a la red o consumir servicios digitales. Entre ellos se encuentran:

- Ordenadores de sobremesa.
- Portátiles.
- Tablets.
- Smartphones.
- Impresoras conectadas en red.
- Televisores inteligentes.
- Cámaras IP y dispositivos IoT (domótica).

Estos dispositivos generan, reciben o transforman la información digital que circula por la red.

b) **Dispositivos de red**

Son equipos especializados que gestionan el flujo de datos entre los dispositivos finales:

- **Router**: conecta una red local con Internet, distribuye direcciones IP, gestiona el tráfico y ofrece funciones de seguridad.

- **Switch**: permite conectar varios dispositivos mediante cable dentro de la misma red local.

- **Punto de acceso (Access Point)**: ofrece conectividad inalámbrica a dispositivos Wi-Fi.

- **Servidores**: alojan aplicaciones, archivos, bases de datos o servicios compartidos.

Sin estos elementos sería imposible distribuir la conexión entre varios equipos o compartir recursos.

c) **Medios de transmisión**

La información viaja a través de diferentes medios:

- **Cable Ethernet**: conexión cableada de alta velocidad y estabilidad.
- **Fibra óptica**: permite velocidades muy elevadas en grandes distancias.
- **Wi-Fi**: conexión inalámbrica flexible y cómoda.
- **Redes móviles (4G, 5G)**: conectividad a Internet desde dispositivos móviles.

Cada medio tiene ventajas específicas en términos de seguridad, velocidad y alcance.

1.5.3 Direcciones, protocolos y funcionamiento interno

Para que dos dispositivos puedan comunicarse necesitan identificarse y seguir un conjunto común de reglas.

a) **Dirección IP**

Es un número único que identifica a cada dispositivo dentro de una red. Existen dos formatos:

- **IPv4**: formada por valores entre 0 y 255 (ej.: 192.168.1.35).
- **IPv6**: más extensa, diseñada para sustituir a IPv4 (ej.: 2001:db8:85a3::8a2e).

b) **Protocolo TCP/IP**

Es el conjunto de normas que permite que los datos viajen de un punto a otro. Sus funciones incluyen:

- Dividir la información en paquetes.
- Indicar desde dónde se envían y hacia dónde se dirigen.
- Comprobar errores durante la transmisión.
- Ordenar y reensamblar los datos al llegar a destino.

Todo Internet funciona con TCP/IP.

c) **DNS (Domain Name System)**

Permite traducir nombres fáciles de recordar en direcciones IP. Por ejemplo:

- El usuario escribe: *www.ramaeditorial.com.*
- El sistema lo convierte en una dirección IP para localizar el servidor correspondiente.

Sin el DNS, tendríamos que memorizar números complejos en lugar de nombres.

1.5.4 Tipos de redes según su alcance

Las redes se clasifican en función del tamaño que abarcan y de su finalidad.

a) **PAN (Personal Area Network)**

Es una red de área personal. Incluye dispositivos conectados alrededor de una persona, como:

- Móvil y manos libres Bluetooth.
- Ordenador y reloj inteligente.

b) **LAN (Local Area Network)**

Red de área local que abarca un espacio reducido como:

- Una vivienda.
- Una oficina.
- Un aula.
- Un laboratorio.

Es el tipo más común.

c) **WLAN (Wireless LAN)**

Es una LAN que utiliza tecnología inalámbrica (Wi-Fi) en lugar de cables.

d) **MAN (Metropolitan Area Network)**

Cubre un área urbana o campus universitario. Puede conectar múltiples edificios.

e) **WAN (Wide Area Network)**

Red de larga distancia que conecta ciudades o países. Internet es la WAN más grande del mundo.

1.5.5 Tipos de conexión: cableada e inalámbrica

La forma en que un dispositivo se conecta determina su velocidad, estabilidad y seguridad.

a) **Conexión cableada**

Características:
- Muy estable.
- Velocidad elevada y constante.
- Mayor seguridad frente a accesos no autorizados.

Ideal para:
- Oficinas.
- Ordenadores de sobremesa.
- Servidores.
- Equipos de gaming o diseño.

b) **Conexión Wi-Fi**

Ventajas:
- Movilidad.
- Comodidad.
- Sin cables.

Limitaciones:
- Pérdida de velocidad con la distancia.
- Interferencias con paredes o electrodomésticos.
- Seguridad dependiente de la configuración del router.

1.5.6 Acceso a redes

a) **Acceso cableado**

Incluye:

- Conectar el cable Ethernet al dispositivo.
- Recibir automáticamente una dirección IP del router (DHCP).
- Acceder a Internet o recursos internos.

b) **Acceso a redes Wi-Fi**

Pasos básicos:

1. Seleccionar una red Wi-Fi disponible.
2. Introducir la contraseña correcta.
3. Esperar a que se establezca la conexión.

Recomendable:

- Evitar redes públicas o abiertas sin cifrado.
- Cambiar la contraseña Wi-Fi del router periódicamente.

c) **Redes domésticas vs. redes corporativas**

Las redes corporativas suelen incluir:

- Políticas de seguridad estrictas.
- Control de accesos por usuario.
- Firewalls avanzados.
- Servidores internos de archivos.

Las redes domésticas son más sencillas, pero igualmente necesitan protección adecuada.

1.5.7 Seguridad en redes

La seguridad es fundamental para evitar intrusiones, fraude, espionaje de datos o propagación de malware.

a) **Riesgos en redes Wi-Fi**

Una red mal configurada puede permitir:

- Robo de datos personales.
- Interceptación de contraseñas.
- Acceso a dispositivos conectados.
- Uso fraudulento de la conexión.

b) **Ataques frecuentes**

- **Man in the middle**: interceptan información entre dispositivos.
- **Sniffing**: capturan tráfico no cifrado.
- **Accesos no autorizados** a routers o PCs.
- **Propagación de malware** dentro de una red.

c) **Recomendaciones de protección**

- Cambiar la contraseña por defecto del router.
- Utilizar WPA2 o WPA3 como cifrado Wi-Fi.
- Desactivar el WPS del router.
- Actualizar el firmware del router.
- Crear una red de invitados para dispositivos ajenos.
- No compartir archivos sin permisos adecuados.

1.5.8 Recursos compartidos en red

Una de las grandes ventajas de una red es poder compartir recursos.

a) **Carpetas compartidas**

Permiten:

- Compartir archivos entre equipos.
- Acceder a documentos desde otros dispositivos de la red.
- Centralizar información en un servidor interno.

b) **Impresoras de red**

Una sola impresora puede ser utilizada por múltiples usuarios. Beneficios:

- Ahorro económico.
- Mayor control de documentos.
- Acceso desde varios equipos.

1.5.9 Herramientas para diagnosticar problemas de red

Los sistemas operativos incluyen utilidades que permiten comprobar el estado de la red.

a) **Comandos básicos**

- ping: verifica si un dispositivo responde.
- ipconfig o ifconfig: muestra la configuración de red.
- tracert o traceroute: muestra el camino que sigue un paquete hasta su destino.

b) **Solucionadores automáticos**

Windows, macOS y Linux incluyen asistentes que detectan:

- Problemas de adaptación de red.
- Conflictos de dirección IP.
- Fallos en la conexión con DNS.

1.6 SEGURIDAD Y BIENESTAR

La seguridad y el bienestar digital son dimensiones esenciales del uso responsable de los equipos informáticos y dispositivos tecnológicos. A diario interactuamos con ordenadores, teléfonos móviles, plataformas en la nube, redes sociales, servicios bancarios en línea y herramientas de comunicación. Esta exposición constante implica riesgos, tanto para la información que manejamos (archivos, datos personales, contraseñas, fotografías, documentos profesionales), como para nuestra salud física y mental. Por ello, comprender cómo proteger los dispositivos, adoptar buenas prácticas digitales y mantener hábitos saludables frente a la tecnología es fundamental para cualquier usuario.

Este apartado analiza, desde un enfoque integral y didáctico, los conceptos de **seguridad de la información**, **protección del equipo**, **malware**, **bienestar físico y mental** y **cómputo verde**. Su objetivo es proporcionar al lector conocimientos prácticos aplicables en cualquier contexto digital: hogar, educación, empresa y entornos de colaboración en línea.

1.6.1 Protección de la información

La información es uno de los activos más valiosos en la era digital. Su pérdida o robo puede provocar daños personales, económicos, reputacionales y legales. Por ello, protegerla es una prioridad absoluta.

a) **Tipos de información que deben protegerse**

1. **Datos personales**
   DNI, dirección, números de teléfono, datos bancarios, credenciales.

2. **Información profesional o académica**
   Informes, trabajos, investigaciones, proyectos, bases de datos.

3. **Contenido digital privado**
   Fotografías, vídeos, documentos personales o familiares.

4. **Datos de terceros**
   Información de clientes, alumnos, pacientes o compañeros.

5. **Credenciales de acceso**
   Contraseñas, claves, preguntas de recuperación, códigos de verificación.

Toda esta información constituye un objetivo atractivo para atacantes y debe gestionarse con responsabilidad.

b) **Recomendaciones de seguridad de la información**

1. **Uso responsable de contraseñas**
   Una contraseña segura debe ser:

   – Larga (mínimo **12 caracteres**).

   – Compleja (mezcla de mayúsculas, minúsculas, números y símbolos).

– Única por servicio (no repetir la misma contraseña en todas partes).

– Cambiada de forma periódica.

Ejemplos de contraseñas débiles que deben evitarse:

– "123456".
– "contraseña".
– "qwerty2025".
– Nombres de mascotas o fechas de nacimiento.

Es muy recomendable utilizar un **gestor de contraseñas**, como KeePass, Bitwarden o el administrador integrado del navegador.

2. **Doble factor de autenticación (2FA)**

Consiste en añadir una segunda capa de seguridad.

Ejemplos:

– Código enviado por SMS.
– Código generado por una app (Google Authenticator, Authy).
– Llaves físicas como YubiKey.

El 2FA reduce enormemente el riesgo de robo de cuentas incluso si la contraseña se ve comprometida.

3. **Copias de seguridad (backup)**

La pérdida de información no solo puede producirse por un ataque informático, sino también por fallos del sistema, borrados accidentales o daños físicos en el dispositivo.

Tipos de copias de seguridad:

– **Completa**: copia todo el sistema.
– **Incremental**: copia solo lo que cambió desde el último backup.
– **Diferencial**: copia cambios desde la última copia completa.

Recomendaciones:

– Realizar copias automáticas.
– Guardarlas en un lugar distinto (nube + disco externo).
– Verificar periódicamente que funcionan.

4. **Actualizaciones del sistema**

Las actualizaciones del sistema operativo y del software corrigen vulnerabilidades. Ignorarlas deja el equipo expuesto.

Debe actualizarse:

– Windows, macOS o Linux.
– Navegadores web.
– Antivirus y firewalls.
– Aplicaciones críticas (correo, ofimática, mensajería).

2

CONOCIMIENTOS FUNDAMENTALES DE APLICACIONES EN LÍNEA

Las aplicaciones en línea forman hoy la base del trabajo digital moderno. A diferencia del software tradicional instalado en un ordenador, las herramientas basadas en la Web funcionan a través de navegadores y plataformas conectadas a Internet, lo que permite acceder a documentos, comunicarse, colaborar, almacenar información y gestionar actividades desde cualquier dispositivo con conexión. Esta realidad, que hace apenas unos años era secundaria, se ha convertido en el estándar dominante tanto en entornos laborales como educativos, administrativos y personales.

Dominar la navegación por la Web, la búsqueda eficaz de información, la evaluación crítica de contenidos, la comunicación digital y las herramientas de productividad basadas en la nube es esencial para cualquier usuario que aspire a desenvolverse con autonomía y seguridad en la sociedad digital actual. Sin estas competencias, el uso de Internet queda limitado a acciones básicas que no permiten aprovechar su verdadero potencial ni protegerse adecuadamente frente a riesgos como el fraude, la desinformación o la pérdida de datos.

Este módulo desarrolla de manera extensa y didáctica los fundamentos del uso de aplicaciones online, combinando explicación conceptual, ejemplos prácticos, buenas prácticas, pautas de seguridad y orientación profesional. El enfoque es progresivo: comienza con la navegación por la Web y el funcionamiento de los buscadores, continúa con la gestión de la información digital y las herramientas de comunicación, y finaliza con el uso de calendarios y plataformas colaborativas, que constituyen pilares centrales del trabajo actual.

El objetivo es que el lector no solo aprenda a "usar Internet", sino que comprenda cómo funciona, cómo aprovecharlo de manera eficiente y cómo evitar errores comunes, desarrollando una competencia digital sólida, crítica y plenamente alineada con las necesidades del mundo académico y laboral.

2.1 CONCEPTOS DE NAVEGACIÓN POR LA WEB

La navegación por la Web constituye una de las competencias digitales fundamentales para cualquier usuario del siglo XXI. Aunque entrar a una página web parezca una acción sencilla, detrás de cada clic existe un conjunto complejo de tecnologías, protocolos, mecanismos de seguridad, elementos visuales e interacciones que permiten acceder de forma rápida, segura y ordenada a la información. Comprender estos elementos no solo mejora la experiencia de uso, sino que permite navegar con criterio, detectar páginas inseguras, evitar riesgos, interpretar interfaces complejas y aprovechar al máximo las funciones avanzadas del navegador.

En entornos académicos y profesionales, la navegación web trasciende el simple acto de visitar páginas: implica buscar información, completar formularios, acceder a plataformas educativas, trabajar en aplicaciones en la nube, utilizar servicios corporativos, descargar archivos, visualizar contenido multimedia y gestionar servicios personales como banca online, administración electrónica o comunicación por videoconferencia. Por ello, este apartado desarrolla de forma didáctica y profunda los fundamentos que permiten comprender qué ocurre realmente cuando navegamos por Internet.

El objetivo es que el lector interiorice no solo cómo utilizar un navegador, sino por qué funciona así, cuáles son los elementos que intervienen, cómo se deben configurar las funciones de seguridad y privacidad, qué buenas prácticas deben aplicarse para navegar sin riesgos y cómo identificar señales que distinguen páginas fiables de sitios maliciosos.

2.1.1 Funcionamiento de los navegadores web

Los navegadores web son programas diseñados para acceder, interpretar y mostrar páginas de Internet. Aunque cada navegador (Chrome, Firefox, Edge, Safari, Opera…) presenta una apariencia diferente, su funcionamiento interno comparte una estructura común basada en motores de renderizado, protocolos de comunicación y un modelo de interacción que organiza y presenta el contenido al usuario.

a) **¿Qué es un navegador web?**

Un navegador es una aplicación capaz de:

- Interpretar código HTML, CSS y JavaScript para mostrar páginas.
- Conectarse a servidores a través de protocolos como HTTP y HTTPS.
- Gestionar pestañas, ventanas, marcadores y descargas.
- Permitir la ejecución de aplicaciones en línea: correo, redes, herramientas cloud.
- Mantener sesiones, cookies y credenciales para recordar preferencias del usuario.

Aunque a nivel técnico su funcionamiento es complejo, a nivel práctico actúa como puente entre el usuario y la información disponible en la Web.

b) **Componentes internos del navegador**

Todo navegador moderno integra varios módulos esenciales:

- Interfaz gráfica de usuario: pestañas, barra de direcciones, menús y botones.
- Motor de renderizado: responsable de interpretar el código y mostrar la página.
- Motor JavaScript: ejecuta scripts que hacen la página interactiva.
- Gestor de red: maneja las solicitudes hacia los servidores.

- Mecanismos de almacenamiento local: cookies, caché, historial y bases internas.
- Módulos de seguridad: prevención de sitios peligrosos, bloqueo de pop-ups, alertas.

Ejemplo de motores conocidos:

Navegador	Motor de renderizado	Motor JavaScript
Chrome.	Blink.	V8.
Firefox.	Gecko.	SpiderMonkey.
Safari.	WebKit.	Nitro.

c) **¿Qué ocurre cuando escribimos una dirección web?**

El proceso puede resumirse en varios pasos:

1. El usuario introduce una URL en la barra de direcciones.
2. El navegador consulta el DNS para traducir el dominio en una dirección IP.
3. Se abre una conexión con el servidor mediante HTTP o HTTPS.
4. El servidor envía el código de la página (HTML, CSS, scripts).
5. El navegador interpreta ese código y construye la página visualmente.
6. Se ejecutan scripts, se cargan imágenes, vídeos y elementos interactivos.

Comprender este flujo ayuda a diagnosticar errores de carga, problemas de DNS, fallos de conexión o bloqueos debidos a seguridad.

d) **Interfaz del navegador**

Aunque cada navegador tiene su estilo, sus elementos comunes son:

- Barra de direcciones.
- Pestañas.
- Botones de navegación (atrás, adelante, recargar).
- Menú de opciones.
- Sección de marcadores.
- Panel de descargas.
- Acceso a historial.

Dominar la interfaz incrementa la eficiencia, especialmente cuando se manejan múltiples pestañas o se trabaja en plataformas complejas.

2.1.2 Elementos clave de una página web

Cuando navegamos, lo que vemos en pantalla es la representación visual de un código estructurado. Entender sus componentes nos ayuda a interpretarla correctamente, identificar publicidad engañosa, reconocer enlaces sospechosos y aprovechar funciones interactivas.

a) **Estructura general de una página**

Una página web está compuesta por:

- Hipervínculos: enlaces que conectan con otras páginas.

- Menús: permiten acceder a secciones internas.

- Formularios: recopilan información del usuario (registro, búsqueda, pago…).

- Imágenes y multimedia: fotos, vídeos, animaciones.

- Scripts: instrucciones que añaden funciones dinámicas.

- Cookies: pequeños archivos que almacenan preferencias o inicios de sesión.

Ejemplo de estructura típica:

Elemento	Función principal
Menú superior.	Navegación entre secciones internas.
Banner o cabecera.	Presentación del tema principal.
Cuerpo del contenido.	Texto, imágenes, enlaces.
Barra lateral.	Accesos directos, anuncios, widgets.
Pie de página.	Contacto, políticas, enlaces adicionales.

b) **Formularios web**

Permiten introducir información en:

- Registros.
- Formularios de contacto.
- Motorización de búsqueda.
- Procesos de compra.

El usuario debe verificar siempre que la página sea segura antes de enviar datos sensibles.

c) **Scripts y elementos dinámicos**

JavaScript añade funciones como:

- Validación de formularios.
- Animaciones.
- Carga dinámica de contenidos.
- Carritos de compra.
- Botones interactivos.

Se debe tener cuidado en páginas desconocidas, ya que scripts maliciosos pueden robar información.

2.1.3 Privacidad y navegación segura

La privacidad digital es un aspecto fundamental de la navegación moderna. Cada vez que visitamos una página, se genera un intercambio de información entre el navegador, el servidor y, en muchos casos, plataformas de terceros.

a) **Modos de privacidad**

Los navegadores ofrecen modos especiales:

- Navegación privada o incógnito.
- Bloqueo de rastreadores.
- Limpieza automática del historial.
- Restricción de cookies de terceros.

Esto NO impide que el proveedor de Internet o la empresa vean la actividad, pero sí evita que se almacene localmente.

b) **Cookies y su función**

Las cookies permiten:

- Mantener sesiones abiertas.
- Recordar carritos de compra.
- Personalizar preferencias.
- Generar publicidad personalizada.

Hay cookies esenciales y cookies de seguimiento. El usuario puede:

- Bloquear cookies de terceros.
- Revisar permisos.
- Eliminar cookies de forma periódica.

c) **Permisos del navegador**

Los navegadores piden permiso para acceder a:

- Ubicación.
- Cámara.
- Micrófono.
- Notificaciones.
- Descargas automáticas.

Sin un control adecuado, una página maliciosa puede solicitar permisos para manipular contenido o mostrar anuncios invasivos.

2.1.4 Seguridad en la navegación

La seguridad es uno de los pilares más importantes durante la navegación. Los usuarios deben aprender a identificar páginas fiables y comprender los mecanismos que protegen los datos personales y financieros.

a) **HTTP vs. HTTPS**

- HTTP transmite la información sin cifrado.
- HTTPS utiliza un certificado digital y cifrado TLS.

El usuario debe evitar enviar datos en páginas que comiencen por **http://**, especialmente contraseñas o información personal.

b) **Certificados digitales**

Los certificados garantizan que la identidad del sitio sea auténtica. El navegador los valida automáticamente.

Una página segura muestra:

- El icono del candado.
- Un dominio legítimo.
- Un certificado válido.

Si el navegador alerta sobre un certificado caducado, debe evitarse continuar.

c) **Páginas fraudulentas**

Se pueden identificar por:

- URLs extrañas.
- Dominios que imitan nombres reales.

- Errores ortográficos.
- Formularios sospechosos.
- Promesas exageradas ("gana dinero rápido").

El usuario debe cerrar la página inmediatamente si detecta comportamientos anómalos.

d) **Advertencias del navegador**

Los navegadores modernos alertan ante:

- Sitios no seguros.
- Contenido malicioso.
- Descargas peligrosas.
- Certificados cerrados.

Estas advertencias no deben ignorarse.

2.1.5 Recomendaciones de navegación

Navegar correctamente implica aplicar hábitos que aumentan la eficiencia y reducen riesgos.

a) **Actualización del navegador**

Las actualizaciones ofrecen:

- Nuevas funciones.
- Corrección de vulnerabilidades.
- Mejor rendimiento.

Un navegador desactualizado es un riesgo de seguridad.

b) **Organización mediante marcadores**

- Guardar páginas importantes.
- Crear carpetas temáticas.
- Evitar búsquedas repetitivas.

Se mejora la productividad, especialmente en entornos académicos.

c) **Evitar ventanas emergentes sospechosas**

- No hacer clic en "su PC está infectado".
- No descargar programas inesperados.
- No permitir notificaciones desconocidas.

d) **Usar contraseñas seguras**

Aunque pertenece a la seguridad general, es imprescindible en navegación:

- Contraseñas largas.
- Gestores de contraseñas.
- Autenticación en dos pasos.

e) **Verificar siempre la URL antes de introducir datos**

- Un solo carácter modificado puede indicar fraude.

Ejemplo:

faceboook.com

paypa1.com (usa número 1 en vez de "l").

Navegar por la Web implica comprender cómo funcionan los navegadores, identificar los elementos clave de una página, proteger la privacidad, aplicar criterios de seguridad y adoptar buenas prácticas. Este punto proporciona las bases necesarias para que el lector navegue de forma consciente, crítica y segura.

2.2 BÚSQUEDA POR LA WEB

La búsqueda por la Web es una de las competencias digitales esenciales en la sociedad actual. La mayoría de las personas buscan información diariamente: para resolver dudas, aprender algo nuevo, preparar trabajos académicos, comparar productos o entender un concepto técnico. Sin embargo, existe una diferencia crucial entre "buscar en Internet" y "saber buscar en Internet". Esta distinción marca la línea entre un usuario que pierde tiempo navegando entre cientos de resultados irrelevantes y un usuario competente capaz de localizar información veraz, pertinente y actualizada en pocos segundos.

Saber buscar implica dominar varias habilidades: comprender cómo funcionan los motores de búsqueda, formular consultas efectivas, aplicar operadores avanzados, filtrar resultados, interpretar adecuadamente la información mostrada, evaluar la calidad de las fuentes y organizar los recursos hallados. Este conjunto de capacidades constituye un pilar clave de la alfabetización digital moderna.

En este apartado se abordan estas competencias desde una perspectiva técnica, crítica y práctica, proporcionando una base sólida para que el estudiante pueda enfrentarse de forma autónoma y eficiente a cualquier proceso de búsqueda en la Web.

2.2.1 Uso de motores de búsqueda

Los motores de búsqueda son herramientas que permiten localizar información entre miles de millones de páginas web. Para aprovecharlos plenamente, es necesario comprender cómo funcionan, qué tipos de consultas existen y cómo formular búsquedas eficaces.

a) **¿Qué es un motor de búsqueda?**

Un motor de búsqueda es un sistema informático compuesto por varias capas tecnológicas que permiten:

- Recorrer la Web automáticamente para localizar páginas nuevas o modificadas.

- Indexar la información recopilada en grandes bases de datos.

- Procesar consultas del usuario y devolver los resultados más relevantes.

- Ordenar dichos resultados según criterios de relevancia.

Motores más populares:

Motor	Fortalezas principales
Google.	Cobertura global, precisión, IA, actualizaciones frecuentes.
Bing.	Integración con Microsoft, buenos resultados multimedia.
DuckDuckGo.	Privacidad reforzada, sin rastreo del usuario.
Yahoo Search.	Buscador integrado en ecosistemas de noticias.
Ecosia.	Enfoque ecológico, financiación de reforestación.

Cada motor usa algoritmos propios, lo que explica por qué dos buscadores pueden ofrecer resultados distintos ante la misma consulta

b) **Funcionamiento técnico de un motor de búsqueda**

Aunque la tecnología subyacente es compleja, su funcionamiento puede resumirse en tres fases esenciales.

1. **Rastreo (crawling)**
   Bots o "arañas" recorren páginas web siguiendo enlaces y detectando contenido nuevo o actualizado.

2. **Indexación**
   La información recolectada se clasifica y almacena en enormes bases de datos estructuradas.

3. **Algoritmo de búsqueda**
   Es el sistema que decide qué resultados mostrar y en qué orden. Este algoritmo evalúa criterios como:

   – Relevancia del contenido respecto a la consulta.

   – Presencia de palabras clave.

   – Calidad del texto.

   – Actualización de la página.

   – Autoridad del dominio.

   – Rapidez de carga.

   – Comportamiento del usuario (experiencia de navegación).

Todos estos elementos determinan qué páginas aparecen en la primera página de resultados y cuáles quedan relegadas.

c) **Tipos de consultas en la Web**

Comprender la intención de búsqueda es clave para formular consultas efectivas. Se distinguen tres tipos principales:

Tipo de consulta	Objetivo del usuario	Ejemplo
Informativa.	Obtener conocimiento o explicación.	"cómo funciona una VPN".
Transaccional.	Realizar una acción (comprar, descargar).	"comprar portátil ligero 2024".
Navegacional.	Acceder a un sitio concreto.	"Agencia Tributaria España".

Al adaptar la consulta al tipo de búsqueda, se reducen errores y se obtienen respuestas más útiles.

d) **Cómo redactar una búsqueda eficaz**

La calidad de los resultados depende directamente de la calidad de la consulta. Para optimizarla:

- Ser concreto en lugar de genérico.
- Añadir contexto: versión del sistema, fecha, objetivo.
- Emplear frases completas en vez de palabras sueltas.
- Evitar términos ambiguos.
- Incluir detalles técnicos si procede.

Ejemplos:

Consulta básica	Problema	Consulta mejorada
"impresora no funciona".	Demasiado general.	"impresora HP 2720 error E3 solución".
"wifi lento".	Ambigua.	"mejorar velocidad wifi en apartamento pequeño".
"virus ordenador".	Muy amplio.	"cómo eliminar malware en Windows 11 sin formatear".

Así se reduce el tiempo empleado en revisar resultados irrelevantes.

2.2.2 Herramientas y filtros avanzados

Los motores de búsqueda ofrecen opciones que permiten refinar y personalizar las consultas de forma precisa. Estas herramientas convierten una búsqueda simple en una búsqueda profesional.

a) **Operadores de búsqueda**

Los operadores son comandos que modifican el comportamiento del buscador.

Operador	Función	Ejemplo	Resultado
" ".	Coincidencia exacta.	"riesgo financiero".	Solo páginas con esa frase concreta.
-.	Excluir palabras.	python -serpiente.	Elimina resultados sobre el animal.
AND.	Incluir todos los términos.	auditoría AND normativa.	Resultados que contengan ambas palabras.
OR.	Incluir una u otra.	malware OR spyware.	Ampliación de resultados.
site:	Buscar en un dominio concreto.	site:un.org refugiados.	Filtra dentro de Naciones Unidas.
filetype:	Buscar archivos específicos.	"plan estratégico" filetype:pdf.	Solo documentos PDF.
intitle:	Buscar en el título.	intitle:"ciberseguridad".	Más precisión documental.

Estos operadores permiten búsquedas avanzadas ideales para trabajos académicos y proyectos profesionales.

b) **Filtros del buscador**

Los filtros ayudan a seleccionar resultados según diferentes criterios:

- Fecha de publicación (24 h, 1 semana, 1 mes).
- Idioma.
- Región o país.
- Tipo de contenido (imágenes, vídeos, mapas, noticias).
- Duración del vídeo (YouTube).
- Derechos de uso de imágenes.

Los filtros por fecha son especialmente importantes en temas que cambian con rapidez, como tecnología, ciencia o normativa jurídica.

c) **Búsquedas visuales y por voz**

La Web moderna incorpora nuevas modalidades de búsqueda más intuitivas.

Búsqueda por imágenes (Google Lens)

Permite:

- Identificar objetos físicos.
- Buscar productos por fotografía.
- Traducir textos en imágenes.
- Analizar documentos.

Ejemplo: fotografiar un componente electrónico para buscar un equivalente compatible.

Búsqueda por voz

Útil en:

- Situaciones en movimiento.
- Personas con dificultades de escritura.
- Consultas rápidas.

Los motores interpretan el lenguaje natural, favoreciendo respuestas contextuales más precisas.

2.2.3 Configuración del buscador

Los navegadores permiten ajustar múltiples parámetros que afectan a la experiencia de búsqueda.

a) **Selección del motor predeterminado**

El sistema permite elegir el motor más adecuado para cada usuario:

Motor	Ventaja clave
Google.	Precisión y relevancia.
DuckDuckGo.	Privacidad total.
Bing.	Integración profesional con Microsoft.
Ecosia.	Impacto ecológico.

b) **Resultados personalizados**

Los motores utilizan:

- Historial de búsquedas.
- Cookies.
- Ubicación geográfica.
- Preferencias de idioma.
- Actividad previa del usuario.

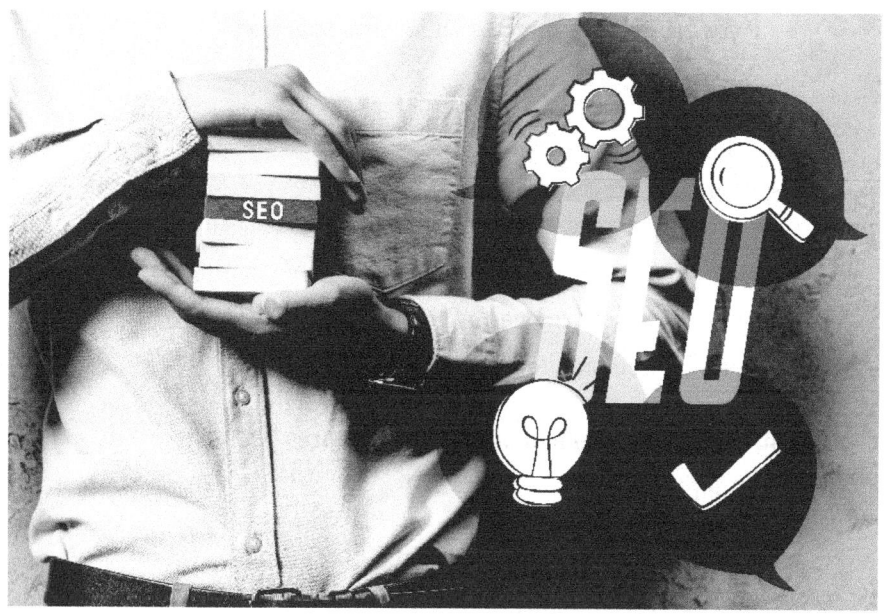

La personalización puede ser útil, pero también crea burbujas de navegación donde solo aparecen contenidos afines. Para evitarlo:

- Activar navegación privada.
- Desactivar personalización.
- Borrar cookies y caché regularmente.

c) **Control de sugerencias automáticas**

Los motores completan las consultas de forma predictiva.

El usuario puede:

- Desactivarlas si molestan.
- Mantenerlas para acelerar la escritura.
- Limpiar historial para evitar sesgos.

2.2.4 Gestión de favoritos y marcadores

Los marcadores permiten guardar y organizar recursos útiles para acceder a ellos posteriormente.

a) **Organización de marcadores**

Recomendaciones:

- Crear carpetas temáticas: estudio, Trabajo, Administración.
- Usar nombres descriptivos.
- Priorizar accesos directos en la barra superior.

Ejemplo de organización eficaz:

Carpeta	Contenido sugerido
Estudios.	Apuntes, bibliotecas online, vídeos educativos.
Trabajo.	Herramientas corporativas, informes, normativas.
Finanzas.	Bancos, impuestos, trámites oficiales.
Personal.	Compras, recetas, blogs.

b) **Importación y exportación de marcadores**

Permiten:

- Migrar entre navegadores.
- Hacer copias de seguridad.
- Sincronizar entre dispositivos.

2.2.5 Interpretación de resultados

Saber analizar los resultados es tan importante como saber buscarlos.

a) **Resultados orgánicos y patrocinados**

Tipo	Descripción	Identificación
Orgánicos.	Basados en calidad y relevancia.	No incluyen etiquetas.
Patrocinados.	Anuncios pagados.	Marcados como "Anuncio", "Sponsor", "Ads".

Muchos usuarios no diferencian entre ambos, lo que puede llevar a información incorrecta.

b) **Fragmentos destacados (featured snippets)**

Son respuestas breves colocadas en la parte superior:

- Definiciones.
- Procedimientos paso a paso.
- Tablas o listas resumidas.

Ayudan a obtener información rápida, pero conviene verificar su fuente.

c) **Paneles de conocimiento (knowledge panels)**

Aparecen en la parte derecha:

- Biografías.
- Información de empresas.
- Conceptos técnicos.
- Datos oficiales.

Son generados automáticamente a partir de fuentes múltiples y no siempre son totalmente precisos.

Dominar la búsqueda en la Web implica comprender la tecnología detrás de los motores de búsqueda, emplear operadores y filtros avanzados, redactar consultas precisas, evaluar críticamente los resultados y organizar adecuadamente la información hallada. Estas habilidades no solo aceleran el proceso de búsqueda, sino que fortalecen la autonomía digital, mejoran la calidad del aprendizaje y permiten desenvolverse con solvencia en entornos académicos, laborales y personales.

2.3 INFORMACIÓN BASADA EN LA WEB

La Web se ha convertido en la mayor fuente de información de la historia. Cada día se publican millones de artículos, vídeos, comentarios, documentos, bases de datos, informes oficiales y contenidos generados por usuarios de todas partes del mundo. En este contexto, aprender a **buscar información** es importante, pero aprender a **evaluarla, seleccionarla, organizarla y utilizarla correctamente** es una competencia digital fundamental.

La información disponible en línea es abundante, variada y accesible, pero también desigual en calidad: junto a publicaciones científicas rigurosas conviven opiniones sin fundamento, publicidad disfrazada de noticia, contenido manipulado, información obsoleta y páginas diseñadas para engañar al usuario. La capacidad para distinguir unas de otras es clave para un uso seguro, crítico y eficiente de Internet.

En este apartado se analizan los aspectos esenciales para gestionar información basada en la Web:

- ➤ Cómo buscar y recopilar datos de forma organizada.
- ➤ Cómo evaluar la fiabilidad de las fuentes digitales.
- ➤ Cómo interpretar la información para evitar errores.
- ➤ Qué derechos regulan el uso del contenido online.
- ➤ Cómo proteger datos personales al interactuar con sitios web.
- ➤ Qué buenas prácticas debe adoptar un usuario para no comprometer su seguridad ni vulnerar normas legales.

El objetivo final es que el estudiante desarrolle un pensamiento crítico digital sólido, capaz de apoyarse en la Web de forma responsable y eficaz para estudiar, trabajar y desenvolverse en la vida cotidiana.

2.3.1 Búsqueda y recopilación de información

Buscar información no implica únicamente introducir palabras en un buscador. La **recopilación documental** es un proceso estructurado que requiere identificar tipos de fuentes, elegir plataformas adecuadas, contrastar datos y organizar los materiales obtenidos.

a) **Tipos de fuentes digitales**

La calidad del resultado depende de la calidad de la fuente. Las principales categorías de fuentes digitales son:

1. **Páginas oficiales e institucionales**
   Incluyen:
   - Ministerios y organismos públicos.
   - Comunidades autónomas y ayuntamientos.
   - Unidades de la Unión Europea.
   - Universidades y centros de investigación.
   - Organismos internacionales (ONU, UNESCO, OMS, OCDE).

   Características:
   - Alta fiabilidad.
   - Actualizaciones periódicas.
   - Información jurídica, estadística o técnica.
   - Datos verificables.

   Son fuentes ideales para: informes, normativa, estadísticas oficiales, documentación educativa y trámites administrativos.

2. **Medios de comunicación**
   Periódicos digitales, radios, televisiones y agencias de noticias.

   Fortalezas:
   – Actualidad.
   – Diversidad de enfoques.
   – Amplia cobertura geográfica.

   Limitaciones:
   – Posibles sesgos ideológicos.
   – Titulares sensacionalistas.
   – Contenido patrocinado.

   Recomendación: **contrastar siempre al menos dos medios** para obtener perspectiva.

3. **Blogs, foros y contenido generado por usuarios**
   Incluyen blogs personales, foros técnicos y comunidades online (Stack Overflow, Reddit).

   Ventajas:
   – Explicaciones prácticas.
   – Experiencias reales de usuarios.
   – Soluciones técnicas paso a paso.

   Riesgos:
   – Contenido no verificado.
   – Opiniones subjetivas.
   – Información antigua sin actualizar.

   Son útiles para resolver problemas concretos y obtener ejemplos, pero **no deben usarse como referencia única**.

4. **Enciclopedias digitales**
   Ejemplo: Wikipedia.

   Ventajas:
   – Síntesis clara de conceptos.
   – Buen punto inicial para explorar un tema.
   – Abundantes enlaces a fuentes externas.

   Limitaciones:
   – Artículos editables por cualquier usuario.
   – Diferente fiabilidad según el idioma o tema.

   Recomendación: usar Wikipedia como **puerta de entrada**, pero contrastar siempre con otras fuentes.

5. **Publicaciones académicas**

Incluyen:
- Google Scholar.
- ResearchGate.
- SciELO.
- Repositorios universitarios.
- Revistas científicas (Elsevier, Springer, IEEE).

Fortalezas:
- Alto rigor científico.
- Revisiones por pares.
- Fuentes citables en trabajos académicos.

Desventajas:
- Lenguaje especializado.
- Algunos artículos están protegidos por pago.

Estas fuentes son imprescindibles para estudios superiores y trabajos de investigación.

b) **Herramientas de recopilación de información**

Una vez identificadas las fuentes, es necesario organizar la información encontrada mediante herramientas adecuadas.

1. **Capturas de pantalla**

Útiles para registrar:
- Gráficos.
- Tablas.
- Fragmentos visuales.
- Evidencias temporales.

Recomendación: incluir fecha y URL cuando se utilicen en trabajos.

2. **Guardado de páginas en PDF**

Función disponible en la mayoría de navegadores ("Imprimir" → "Guardar como PDF").

Beneficios:
- Conservar versión estable del contenido.
- Poder leer sin conexión.
- Facilitar citar información.

3. **Extensiones de notas y recortes web**

Herramientas como:
- Evernote Web Clipper.
- Microsoft OneNote Captura Web.
- Notion Web Clipper.

Permiten:
- Guardar fragmentos relevantes.
- Organizar notas por proyectos.
- Crear bases de datos personales.

4. **Gestores bibliográficos**
   Muy utilizados en entornos educativos y científicos:
   - Zotero.
   - Mendeley.
   - EndNote.

Permiten:
- Guardar referencias.
- Generar bibliografías automáticamente.
- Organizar fuentes en carpetas.
- Insertar citas en documentos académicos.

2.3.2 Evaluación crítica de la información

Tras recopilar información, es imprescindible determinar si es **fiable, verificable y pertinente**. La Web contiene tanto contenido riguroso como información manipulada o falsa. La evaluación crítica es la competencia que evita caer en errores, bulos o sesgos.

a) **Criterios para evaluar la fiabilidad de una página web**

Se deben analizar varios elementos clave:

1. **Autoría**
   Preguntas básicas:
   - ¿Quién ha escrito el contenido?
   - ¿Es identificable?
   - ¿Posee formación o autoridad en el tema?
   - ¿El sitio ofrece información de contacto?

   Una página sin autor o con identidad dudosa debe tratarse con cautela.

2. **Actualización**
   La fecha de publicación es determinante:
   - La tecnología cambia rápidamente.
   - Las normativas se actualizan con frecuencia.
   - Las estadísticas pierden validez con el tiempo.

   Contenido sin fecha puede ser un indicador de baja fiabilidad.

3. **Objetividad**

Se deben identificar señales de manipulación:
- Opiniones disfrazadas de hechos.
- Lenguaje emocional o alarmista.
- Contenido excesivamente comercial.
- Promesas exageradas.
- Argumentos basados en creencias y no en datos.

4. **Verificabilidad**

Un contenido fiable:
- Cita fuentes.
- Enlaza documentos originales.
- Presenta datos contrastables.
- Incluye referencias o bibliografía.

La ausencia de referencias mínimamente verificables es un indicador de baja calidad.

5. **Profesionalidad y diseño**

Señales positivas:
- Diseño limpio.
- Pocos errores ortográficos.
- Navegación clara.
- Enlaces funcionales.

Señales negativas:
- Publicidad excesiva.
- Ventanas emergentes agresivas.
- Errores constantes.
- Redirecciones sospechosas.

b) **Identificación de fake news e información manipulada**

Las noticias falsas se han convertido en un fenómeno global que afecta a política, ciencia, salud y economía.

Características frecuentes de fake news:
- Titulares excesivamente emocionales ("¡Escándalo!", "¡Terrible descubrimiento!").
- Falta de autoría o autor anónimo.
- Uso de imágenes fuera de contexto.
- Historias imposibles o datos no verificables.
- URLs sospechosas con dominios extraños (".info", ".co", ".xyz").

Recomendación: comprobar siempre la información en **fuentes oficiales o medios reconocidos**.

2.3.3 Derechos de autor en Internet

La Web permite copiar contenido en segundos, pero eso no significa que esté permitido legalmente. La propiedad intelectual protege cualquier creación original, y su incumplimiento puede generar responsabilidades civiles y penales.

a) **Copyright**

Es el derecho exclusivo del autor sobre su obra, que protege:

- Textos.
- Imágenes.
- Vídeos.
- Sonidos.
- Programas informáticos.
- Fotografías.
- Diseños gráficos.

El copyright **no requiere registro**: nace automáticamente al crear la obra.

Reglas básicas:

- No se pueden copiar textos completos sin permiso.
- No se pueden reutilizar imágenes sin autorización.
- No se pueden descargar libros digitales protegidos sin licencia.
- No se pueden difundir obras ajenas como propias.

b) **Licencias Creative Commons**

Son licencias abiertas que permiten usar contenido bajo ciertas condiciones.

Tipos principales:

Licencia	Uso permitido
CC BY	Usar y modificar, citando autor.
CC BY-SA	Igual que CC BY, pero compartir con misma licencia.
CC BY-NC	Solo uso no comercial.
CC BY-ND	No se permiten modificaciones.
CC0	Dominio público: uso libre.

Estas licencias son muy utilizadas en:

- Proyectos educativos.
- Materiales académicos.
- Recursos multimedia.
- Investigación científica.
- Plataformas como Wikimedia, Flickr o Pexels.

c) **Uso legítimo (fair use)**

Permite usar partes pequeñas de obras sin permiso para:

- Educación.
- Investigación.
- Análisis.
- Comentario crítico.

Pero tiene límites:

- No puede ser la parte esencial de la obra.
- No puede perjudicar el mercado del original.
- No permite copiar obras completas.

2.3.4 Protección de datos personales

Al navegar por la Web, el usuario comparte datos constantemente. Saber cómo se gestionan y cómo protegerlos es esencial para mantener la privacidad y evitar fraudes.

a) **Formularios web: riesgos y precauciones**

Antes de rellenar un formulario, es necesario comprobar:

- Finalidad del formulario.
- Identidad del responsable.
- Si los campos obligatorios son razonables.
- Si la página utiliza protocolo seguro (https).
- Si existe aviso legal y política de privacidad.

Nunca se deben proporcionar:

- Contraseñas.
- Datos bancarios en sitios dudosos.
- Datos personales sensibles sin necesidad.

b) **Políticas de privacidad**

Toda página debe informar sobre:

- Qué datos recopila.
- Para qué los usa.
- Si los comparte con terceros.
- Durante cuánto tiempo los conserva.
- Qué derechos tiene el usuario (acceso, rectificación, eliminación).

La ausencia de política de privacidad es un signo de alerta.

c) **Consentimiento informado**

El Reglamento General de Protección de Datos (RGPD) exige:

- Consentimiento claro y explícito.
- Casillas no premarcadas.
- Posibilidad de retirar el consentimiento en cualquier momento.

Ejemplos de consentimiento válido:
√ "Acepto que mis datos sean utilizados para contactar conmigo".

Ejemplos inválidos:
✗ Casillas marcadas por defecto.
✗ Formularios sin aviso legal.

2.3.5 Recomendaciones en la gestión de información

Dominar la información en la Web implica adoptar hábitos de trabajo eficientes, seguros y éticos.

a) **Organización de la información recopilada**

- Guardar enlaces en marcadores temáticos.
- Clasificar documentos descargados en carpetas.
- Evitar guardar archivos sin nombre claro.
- Actualizar periódicamente la información guardada.

b) **Contrastar fuentes antes de decidir**

Siempre comparar:

- Al menos dos fuentes diferentes.
- Preferentemente una oficial + una independiente.
- Comprobación de fecha y autoría.

c) **No compartir información personal innecesaria**

Regla básica: **si no es imprescindible, no lo compartas**.

d) **Descargar solo de fuentes confiables**

Evitar:
- Páginas con demasiada publicidad.
- Enlaces acortados desconocidos.
- Foros sin reputación.
- Sitios sin certificado seguro.

e) **Comportamiento ético**
- Respetar licencias.
- Citar fuentes correctamente.
- No copiar contenido de forma ilegal.
- Evitar la difusión de noticias no verificadas.

2.4 CONCEPTOS DE COMUNICACIÓN

La comunicación digital constituye uno de los pilares esenciales de la competencia digital actual. Prácticamente todas las actividades académicas, profesionales y personales requieren hoy algún tipo de interacción en línea: envío de mensajes, participación en comunidades virtuales, trabajo colaborativo, videoconferencias, gestión del correo electrónico, coordinación de tareas y publicación de contenido en redes sociales.

A diferencia de la comunicación presencial, la comunicación digital implica **nuevos lenguajes, herramientas, códigos de conducta y riesgos**, y requiere que el usuario desarrolle habilidades específicas para expresarse correctamente, utilizar herramientas eficientemente, proteger la privacidad y mantener una conducta responsable.

El objetivo de este apartado es ofrecer una visión amplia y exhaustiva de los elementos que intervienen en la comunicación digital moderna. Se analizan las comunidades online, las herramientas para interactuar en diferentes formatos (texto, voz, vídeo, multimedia), el funcionamiento del correo electrónico y las normas de comportamiento conocidas como netiqueta.

El enfoque es eminentemente práctico, orientado a que el usuario no solo comprenda los conceptos, sino que pueda aplicarlos de forma inmediata en su vida académica, profesional o social.

2.4.1 Comunidades online

Las comunidades online son espacios digitales donde personas con intereses comunes interactúan, comparten información, realizan actividades conjuntas, resuelven dudas o generan contenido colectivo. Son un elemento central de la sociedad digital, pues permiten que grupos de cualquier tamaño se organicen sin necesidad de encontrarse físicamente.

a) **Tipos de comunidades online**

Aunque existen miles de plataformas, las comunidades digitales pueden clasificarse según su estructura, propósito y forma de participación.

1. **Foros tradicionales**
Los foros fueron uno de los primeros espacios de interacción digital y siguen siendo muy utilizados.

Ejemplos:
– **Stack Overflow** (programación).
– **Forocoches** (generalista).
– **Reddit** (temático, dividido en subcomunidades).

Características:
– Organización en temas y subtemas.
– Conversaciones estructuradas.
– Alta utilidad para resolver dudas técnicas.
– Gran repositorio de preguntas resueltas.

Su principal ventaja es que las respuestas quedan archivadas, lo que permite que otros usuarios puedan consultarlas posteriormente.

2. **Blogs y sistemas de comentarios**
Muchos profesionales, docentes y creadores gestionan blogs donde publican artículos. Los usuarios pueden interactuar mediante comentarios.

Son útiles para:
– Seguir contenido especializado.
– Leer análisis o experiencias reales.
– Participar en debates formales.

Limitaciones:
– Baja interacción directa entre lectores.
– Riesgo de información no verificada.

3. **Redes sociales**

   Son plataformas donde millones de usuarios interactúan en tiempo real.

   Ejemplos:
   - **Facebook** – grupos temáticos.
   - **Twitter/X** – debates y tendencias.
   - **Instagram** – contenido visual.
   - **LinkedIn** – redes profesionales.
   - **TikTok** – vídeos cortos, divulgación.
   - **Discord** – comunidades por canales.

   Ventajas:
   - Difusión rápida de contenido.
   - Comunicación instantánea.
   - Creación de redes personales y profesionales.

   Riesgos:
   - Información falsa.
   - Exposición excesiva.
   - Confusión entre vida personal y profesional.

4. **Plataformas educativas**

   Diseñadas para docentes y estudiantes:
   - Moodle.
   - Google Classroom.
   - Microsoft Teams Educación.

Funciones:
- Tareas y actividades.
- Comunicación con profesorado.
- Foros académicos.
- Videoclases.

Son esenciales en entornos formativos.

5. **Comunidades especializadas**

Reúnen usuarios de sectores concretos:
- GitHub (desarrollo software).
- Behance (diseño).
- ResearchGate (investigación científica).
- Kaggle (ciencia de datos).

Son entornos de alta calidad, ideales para aprender y mejorar profesionalmente.

b) **Finalidad de las comunidades digitales**

Las comunidades online pueden servir para:
- Compartir conocimiento.
- Resolver dudas.
- Crear redes profesionales.
- Compartir proyectos.
- Aprender habilidades.
- Recibir apoyo técnico.
- Colaborar en tareas colectivas.

Su valor reside en el aprendizaje social y en la construcción de identidades digitales compartidas.

c) **Participación responsable en comunidades digitales**

Las comunidades digitales requieren normas de convivencia similares a las físicas, conocidas como **normas de comportamiento digital**.

Principios:
- Respeto hacia los participantes.
- Escucha activa.
- No difundir información falsa.
- Citar fuentes cuando se comparten datos.
- No compartir datos personales propios o de terceros.
- No acosar ni participar en comportamientos ofensivos.
- No publicar contenido ilegal o inapropiado.

Participar con responsabilidad contribuye a mantener espacios digitales seguros y constructivos.

2.4.2 Herramientas de comunicación digital

La comunicación digital adopta múltiples formas: texto, vídeo, voz, imágenes y documentos. Cada formato requiere herramientas específicas adaptadas a diferentes necesidades.

a) **Herramientas de videollamadas**

Son esenciales para:

- Reuniones de trabajo.
- Tutorías.
- Clases virtuales.
- Entrevistas laborales.
- Colaboración a distancia.

Plataformas principales:

- Zoom.
- Google Meet.
- Microsoft Teams.
- Skype.
- Jitsi (software libre).

Funciones habituales:

- Compartir pantalla.
- Chat interno.
- Grabación de sesiones.
- Salas de grupos.
- Fondos virtuales.
- Control de micrófono y cámara.

Recomendaciones:

- Probar micro y cámara antes de entrar.
- Usar auriculares para evitar eco.
- Mantener el micrófono silenciado si no se interviene.
- Evitar fondos con distracciones.
- Activar notificaciones solo cuando sea necesario.

b) **Mensajería instantánea**

Herramientas como:

- WhatsApp.
- Telegram.
- Messenger.

- Slack.
- Microsoft Teams (ámbito profesional).

Ventajas:

- Inmediatez.
- Conversaciones organizadas en grupos.
- Envío rápido de documentos.
- Comunicación transversal.

Riesgos:

- Saturación de mensajes.
- Ruido informativo.
- Dificultad para mantener límites entre trabajo y vida personal.

Recomendación: separar la mensajería laboral de la personal.

c) **Correo electrónico (visión general)**

Aunque se estudia en profundidad en el punto 2.5, es importante mencionar sus usos en comunicación:

- Envío formal de mensajes.
- Registro documental.
- Intercambio de archivos.
- Comunicación institucional.

Su ventaja es la estabilidad y trazabilidad del contenido.

d) **Plataformas colaborativas**

Integra comunicación con gestión de tareas y documentos:

- Google Workspace.
- Microsoft 365.
- Trello.
- Notion.
- Slack.

Permiten:

- Crear documentos compartidos.
- Comentar y revisar archivos.
- Asignar tareas.
- Recibir notificaciones integradas.

Son esenciales en equipos distribuidos.

2.4.3 Correo electrónico: conceptos básicos

El correo electrónico es uno de los sistemas de comunicación más antiguos de Internet pero sigue siendo la herramienta principal para comunicación formal, laboral y académica. Su capacidad para adjuntar documentos, registrar conversaciones y organizar comunicaciones lo convierte en una herramienta imprescindible.

a) **Estructura de una dirección de correo electrónico**

Ejemplo:

usuario@dominio.com

Partes:

- **Usuario** → nombre único que identifica la cuenta.
- **Dominio** → servidor donde se aloja el correo.
- **.com / .es / .org** → dominio de nivel superior.

Tipos de dominios:

- Personales (gmail.com, outlook.com).
- Corporativos (empresa.com).
- Académicos (.edu, .es).
- Institucionales (.gob.es).

b) **Protocolos básicos de correo**

El correo funciona gracias a tres protocolos:

1. **SMTP (Simple Mail Transfer Protocol)**
   Se utiliza para enviar correos.

2. **IMAP (Internet Message Access Protocol)**
   Permite acceder al correo desde distintos dispositivos sincronizando carpetas.

3. **POP3 (Post Office Protocol)**
   Descarga los correos al dispositivo; deja la bandeja vacía en el servidor (cada vez menos usado).
   Comprenderlos ayuda a configurar correctamente aplicaciones como Outlook, Thunderbird o el correo nativo del móvil.

c) **Elementos fundamentales de un correo electrónico**

Todo mensaje consta de:

- **Asunto** – resumen breve y claro.
- **Saludo inicial.**

- **Introducción al propósito del mensaje.**
- **Cuerpo del mensaje** – organizado en párrafos o listas.
- **Despedida formal.**
- **Firma** – datos de contacto.

También puede contener:

- **Archivos adjuntos.**
- **Enlaces.**
- **Copias CC y CCO.**

Una comunicación profesional requiere precisión, respeto y claridad.

2.4.4 Netiqueta y comunicación responsable

La **netiqueta** es el conjunto de normas de comportamiento adecuado en la comunicación digital. Su objetivo es promover interacciones respetuosas, claras y eficientes.

a) **Principios básicos de netiqueta**

1. **Mantener un tono respetuoso**

   Evitar:
   – Ofensas.
   – Lenguaje agresivo.
   – Ironía excesiva.
   – Ataques personales.

   En comunicación digital es fácil malinterpretar el tono, por lo que debe cuidarse especialmente.

2. **Evitar escribir en mayúsculas**
   Las mayúsculas se interpretan como gritos.
   EJEMPLO INCORRECTO:
   "ENVÍAME EL INFORME YA".

   Versión adecuada:
   "¿Podrías enviarme el informe cuando puedas?".

3. **Cuidar la ortografía y claridad**
   Una mala redacción dificulta la comprensión y transmite falta de profesionalidad.

Recomendaciones:
- Revisar antes de enviar.
- Usar frases cortas.
- Organizar ideas por párrafos.

4. **No difundir spam, cadenas o bulos**
Enviar información falsa o irrelevante perjudica la reputación digital del usuario y puede causar daños a terceros.

5. **Proteger la privacidad**
Normas esenciales:
- No publicar datos personales propios o ajenos.
- No reenviar mensajes privados sin permiso.
- No compartir documentos sensibles sin cifrado.

6. **Adaptar el lenguaje al contexto**
No es igual:
- Un grupo familiar.
- Un chat de amigos.
- Una clase online.
- Una reunión de trabajo.
- Un correo dirigido a una empresa.

Cada espacio requiere un tono y un: nivel de formalidad específico.

b) **Riesgos de una mala comunicación digital**

- Conflictos interpersonales.
- Malentendidos.
- Difusión de información errónea.
- Pérdida de oportunidades laborales.
- Problemas de seguridad (ingeniería social).
- Deterioro de la reputación digital.

La netiqueta previene estos problemas y fomenta un ambiente digital saludable.

2.5 USO DEL CORREO ELECTRÓNICO

El correo electrónico constituye uno de los pilares fundamentales de la comunicación digital moderna. Aunque han surgido multitud de herramientas alternativas —mensajería instantánea, videollamadas, plataformas colaborativas, redes sociales o espacios virtuales de trabajo—, el correo sigue siendo el medio más formal, universal, estable y estructurado para enviar mensajes, coordinar actividades y mantener un registro documental verificable. Su uso adecuado no solo es una competencia digital esencial sino también un indicador de profesionalidad, claridad comunicativa y rigor organizativo.

En este apartado se presenta un análisis extenso de los elementos clave para emplear el correo electrónico con eficiencia: redacción, organización, gestión avanzada, seguridad y buenas prácticas. El objetivo es ofrecer un conocimiento integral que permita al estudiante desenvolverse tanto en contextos educativos como profesionales, con dominio técnico y criterio comunicativo.

2.5.1 Redacción de mensajes

La redacción de mensajes es el núcleo del uso del correo electrónico. Un mensaje bien estructurado transmite claridad, profesionalidad y respeto hacia el destinatario; uno mal redactado puede generar malentendidos, retrasos o incluso conflictos. Por ello, dominar el formato del mensaje es esencial.

a) **El asunto**

El asunto resume el contenido del correo. Es el elemento más importante, porque determina si el destinatario lo abre de inmediato, lo deja para después o incluso lo pierde entre decenas de mensajes.

Características de un buen asunto:
- Ser claro.
- Ser breve.
- Indicar la acción o propósito del mensaje.
- Evitar términos vagos o genéricos.

Ejemplos adecuados:
- "Entrega del informe final del proyecto Alfa".
- "Consulta sobre disponibilidad de aula el 23 de abril".
- "Solicitud de cita para revisión de tareas".

Ejemplos inadecuados:
- "Hola".
- "Urgente", sin más contexto.
- "Duda".

En entornos profesionales, un asunto claro puede ahorrar mucho tiempo y disminuir la carga cognitiva del destinatario.

b) Estructura del mensaje

Un correo profesional debe seguir una estructura coherente que facilite la lectura y evite ambigüedades.

Estructura recomendada:

1. **Saludo formal o neutro.**
   Ej.: "Buenos días", "Estimado Sr. López".

2. **Presentación breve (si el destinatario no conoce al remitente).**
   Ej.: "Soy Ana Ruiz, estudiante del módulo X".

3. **Introducción clara del motivo del mensaje.**
   Ej.: "Le escribo para solicitar…".

4. **Cuerpo del mensaje con información organizada.**
   Se recomienda usar párrafos cortos y listas.

5. **Cierre cordial y profesional.**
   Ej.: "Quedo a su disposición", "Saludos cordiales".

6. **Firma con datos relevantes.**

c) Adjuntar archivos

Los archivos adjuntos deben manejarse con cuidado.

Recomendaciones:

- Nombrar claramente los archivos: "Informe_ventas_2025.pdf".
- Indicar en el cuerpo del mensaje qué se adjunta.
- Evitar archivos demasiado pesados.
- Utilizar PDF para garantizar compatibilidad.
- Revisar que el archivo esté adjunto antes de enviar.

d) **Estilo y tono**

El correo electrónico tiene una naturaleza dual: combina la eficiencia del mensaje escrito con la inmediatez de la comunicación digital. Por ello, es importante encontrar un equilibrio.

- Mantener un tono respetuoso.
- No usar mayúsculas sostenidas (equivalen a gritar).
- Cuidar la ortografía y la gramática.
- Evitar emoticonos en comunicaciones formales.
- Ser conciso sin sacrificar claridad.

2.5.2 Recepción y lectura de mensajes

No basta con saber redactar bien: es indispensable gestionar adecuadamente la recepción de correos para evitar saturación y pérdida de información.

a) **La bandeja de entrada**

La bandeja de entrada es un espacio dinámico en el que cada día pueden llegar decenas o cientos de mensajes. Sin una gestión adecuada, la saturación es inevitable.

Recomendaciones para su correcto uso:

- Revisar el correo al menos una vez al día.
- Evitar dejar todos los mensajes "sin leer".
- Clasificar inmediatamente lo urgente y eliminar lo irrelevante.

b) **Clasificación inicial de mensajes**

Al abrir la bandeja, conviene aplicar una primera clasificación mental:

- **Urgentes**: requieren acción inmediata.
- **Importantes**: deben atenderse antes de que finalice el día.
- **Informativos**: pueden archivarse tras leerlos.
- **Irrelevantes**: eliminar directamente.

Este método reduce el tiempo de gestión y evita que mensajes esenciales queden ocultos.

c) **Notificaciones**

El correo es una herramienta poderosa, pero también una fuente constante de interrupciones.

Recomendaciones:

- Desactivar notificaciones innecesarias en el móvil.
- Activar alertas solo para correos críticos o de supervisores.
- Evitar revisar el correo en exceso para mantener la concentración.

2.5.3 Organización del correo

Una bandeja organizada aumenta la productividad, facilita la búsqueda de información y reduce el estrés digital.

a) **Carpetas y etiquetas**

Los sistemas de correo: permiten crear carpetas o etiquetas temáticas.

Ejemplos de carpetas útiles:

- "Proyectos".
- "Estudios".
- "Tareas pendientes".
- "Clientes".
- "Administración".
- "Facturación".

Las carpetas permiten archivar mensajes sin perderlos y mantienen la bandeja de entrada despejada.

b) **Reglas automáticas**

Los programas de correo incorporan sistemas de automatización que clasifican mensajes sin intervención manual.

Funciones frecuentes:

- Mover automáticamente correos de un remitente concreto.
- Marcar como importante mensajes que contengan ciertas palabras.
- Reenviar mensajes a otra dirección según criterios.
- Eliminar automáticamente promociones o spam.

Este tipo de reglas ahorra tiempo y favorece un flujo de trabajo ordenado.

2.5.4 Gestión avanzada del correo

A medida que el usuario adquiere experiencia, surgen necesidades más complejas que requieren dominar funciones avanzadas.

a) **Respuestas automáticas**

Las respuestas automáticas son fundamentales cuando el usuario está ausente (vacaciones, reuniones, turnos).

Ejemplo adecuado:

"Gracias por su mensaje. Estoy fuera de la oficina y volveré el día 17. Responderé a su correo a la mayor brevedad posible".

b) **Listas de distribución**

Permiten enviar un correo a un grupo numeroso sin introducir direcciones una a una. Son comunes en empresas, centros educativos y proyectos.

c) **Delegación del correo**

En entornos laborales, un asistente o colaborador puede gestionar la bandeja de entrada del usuario, responder mensajes rutinarios o clasificar correos.

d) **Filtros avanzados**

Los filtros avanzados permiten acciones como:

- Archivar mensajes automáticamente.
- Detectar spam con inteligencia artificial.
- Separar mensajes laborales y personales.
- Ordenar correos por etiquetas múltiples.

2.5.5 Seguridad en el correo electrónico

La mayoría de ciberataques actuales comienzan con un correo fraudulento. Por ello, este apartado es esencial.

a) **Phishing**

El phishing es una de las amenazas más peligrosas. Se basa en enviar correos falsos que parecen legítimos para engañar al usuario.

Señales de alerta:

- URLs extrañas o acortadas.
- Solicitud de contraseñas o datos bancarios.
- Logos ligeramente modificados.
- Mensajes alarmistas ("Su cuenta será desactivada").
- Faltas ortográficas.

Ejemplo típico:

"Su cuenta de banco ha sido bloqueada. Pulse aquí para verificar sus datos".

b) **Verificación del remitente**

Antes de confiar en un correo, es indispensable verificar:

- Dirección completa del remitente.
- Dominio correcto ("@empresa.com").
- Si existe firma digital.
- Si el mensaje fue realmente solicitado.

c) **Archivos adjuntos peligrosos**

Nunca abrir:

- Archivos ejecutables (.exe, .msi).
- Archivos comprimidos desconocidos (.zip).
- Facturas inesperadas.
- Documentos con macros.

Muchos ataques utilizan adjuntos para instalar malware.

d) **Recomendaciones de seguridad**

- Activar autenticación en dos pasos.
- Utilizar contraseñas seguras y únicas.
- No reenviar cadenas ni mensajes sospechosos.
- Mantener el software actualizado.
- Evitar abrir correos desde redes Wi-Fi públicas sin VPN.

2.5.6 Privacidad y protección de datos

El correo contiene información sensible: facturas, identificaciones, documentos académicos, informes laborales, etc.

Recomendaciones para proteger la privacidad:

- No enviar información confidencial sin cifrado.
- Revisar destinatarios antes de enviar.
- Evitar incluir datos personales innecesarios.
- Borrar mensajes que contengan información crítica.
- Usar cuentas profesionales para trabajo.

2.5.7 Errores frecuentes y cómo evitarlos

Muchos problemas de comunicación digital se deben a errores simples.

Errores comunes:

- Enviar un correo sin leerlo antes.
- Responder a todos ("Responder a todos") cuando no es necesario.
- Enviar archivos erróneos.
- No incluir asunto.
- Enviar mensajes con tono inapropiado.

Solución general:

- Revisar siempre el mensaje antes de enviarlo.
- Verificar adjuntos.
- Asegurar que el destino es correcto.
- Mantener un tono profesional.

2.5.8 Recomendaciones en el uso del correo

Para un uso eficiente, profesional y seguro del correo, se recomiendan:

- Organizar correos diariamente.
- Mantener la bandeja limpia y ordenada.
- Utilizar mensajes breves y claros.
- Clasificar carpetas por prioridad.
- Activar notificaciones solo en correos esenciales.
- Evitar enviar correos fuera del horario laboral (cuando sea posible).
- Realizar copias de seguridad de correos importantes.
- Revisar spam periódicamente para recuperar mensajes válidos.

2.6 USO DE CALENDARIOS

Los calendarios digitales se han consolidado como herramientas esenciales dentro de las competencias digitales básicas. Ya no son simples agendas donde anotar fechas: hoy permiten planificar actividades, coordinar equipos, automatizar recordatorios, gestionar proyectos, integrar aplicaciones externas y sincronizar información en múltiples dispositivos. Su dominio no solo mejora la productividad, sino que contribuye a reducir el estrés, evitar olvidos y facilitar la organización de la vida académica, profesional y personal.

En este bloque se analizan de forma amplia los conceptos fundamentales asociados al uso de calendarios digitales: creación de eventos, recordatorios, técnicas de planificación, calendarios compartidos, integración con otras herramientas y buenas prácticas. El objetivo es dotar al estudiante de una competencia sólida que le permita utilizar eficazmente herramientas como Google Calendar, Outlook, Apple Calendar o aplicaciones móviles equivalentes.

2.6.1 Creación de eventos y recordatorios

La base del uso de un calendario digital es la creación de eventos. Un evento representa una actividad programada, y constituye la unidad mínima de organización, comparable a una "tarea" en un gestor clásico, pero con mayor nivel de precisión porque incorpora fecha, hora, duración, ubicación, alarmas y participantes.

a) **Tipos de eventos**

Los calendarios permiten registrar distintos tipos de eventos según la naturaleza de la actividad:

1. **Eventos puntuales**
Representan actividades que tienen una fecha y un horario concreto.

Ejemplos:
– Reuniones de trabajo.
– Tutorías académicas.
– Exámenes o pruebas parciales.
– Citas médicas.
– Actividades deportivas.

2. **Eventos de día completo**
Se extienden durante las 24 horas sin asociarse a una franja horaria específica.

Ejemplos:
– Festivos locales o nacionales.
– Cierres administrativos.
– Recordatorios generales ("Renovar DNI").
– Cumpleaños y aniversarios.

3. **Eventos recurrentes**
Son actividades que se repiten periódicamente.

Frecuencias habituales:
– Diaria.
– Semanal.
– Mensual.
– Anual.
– Personalizada (por ejemplo, "cada 3 semanas los jueves").

Ejemplos:
– Clase semanal de un curso.
– Reunión de equipo todos los lunes.
– Pago mensual de una suscripción.

Los eventos recurrentes permiten automatizar la planificación evitando registrar la misma actividad múltiples veces.

b) **Campos principales de un evento**

Al crear un evento, los calendarios solicitan una serie de campos que permiten describir y configurar la actividad con precisión.

Los campos esenciales incluyen:

- **Título**
  Es la parte más visible y debe describir claramente la finalidad.

  Ejemplos adecuados:
  – "Reunión de seguimiento del proyecto Alfa".
  – "Examen final – Matemáticas".
  – "Entrega de informe trimestral".

- **Fecha y hora**
  Indican inicio y fin del evento. La duración puede establecerse manualmente o detectarse automáticamente.

- **Ubicación**
  Acepta direcciones físicas y también enlaces de videoconferencia.

  Ejemplos:
  – Aula B-32.
  – Edificio Norte, sala 4.
  – Enlace Zoom o Google Meet.

- **Descripción**
  Se usa para añadir información relevante:
  – Objetivos de la reunión.
  – Orden del día.
  – Documentación previa.
  – Indicaciones logísticas.

- **Participantes**
  Los calendarios permiten invitar directamente a otras personas, quienes recibirán el evento en su propia agenda.

- **Colores o categorías**
  Utilizados para clasificar visualmente las actividades (clases, trabajo, proyectos personales, salud…).

- **Recordatorios y notificaciones**
  Permiten avisar al usuario con antelación para evitar atrasos u olvidos.

c) **Recordatorios y notificaciones**

Los recordatorios constituyen una de las funciones más poderosas de los calendarios digitales. Se generan alertas mediante:

- Notificaciones en el dispositivo móvil.
- Correo electrónico.
- Alarmas emergentes en el ordenador.
- Vibraciones o avisos en relojes inteligentes.

Tipos habituales de recordatorios

- 10 minutos antes (para desplazamientos cortos).
- 1 hora antes (eventos importantes).
- 24 horas antes (tareas que requieren preparación).
- Recordatorios personalizados (Ej.: "3 días antes").

Ejemplo

Para una presentación importante:

- Recordatorio 3 días antes → Preparar diapositivas.
- Recordatorio 1 día antes → Ensayar.
- Recordatorio 1 hora antes → Ajustar detalles técnicos.
- Recordatorio 10 minutos antes → Desplazarse a la sala.

El objetivo de los recordatorios no es generar ruido, sino prevenir distracciones y asegurar que nada relevante quede olvidado.

2.6.2 Organización y planificación del tiempo

La verdadera utilidad del calendario aparece cuando se usa como herramienta estratégica de organización, no solo como repositorio de fechas. Una buena planificación permite distribuir el tiempo de forma equilibrada, evitar sobrecargas, mejorar la productividad.

a) **Método de bloques de tiempo (time blocking)**

Consiste en dividir el día en bloques dedicados exclusivamente a una actividad concreta. Es una técnica muy eficaz porque reduce la multitarea, favorece la concentración y permite estimar tiempos de forma realista.

Ejemplo de día planificado con bloques:
- 08:30–09:00 — Revisión de correos.
- 09:00–10:30 — Trabajo profundo (deep work).

- 10:30–11:00 — Pausa y organización.
- 11:00–12:00 — Reunión semanal.
- 12:00–13:00 — Desarrollo de tareas pendientes.

Beneficios:
- Aumenta la concentración.
- Evita interrupciones.
- Permite anticipar sobrecargas.
- Mejora la planificación semanal.

b) **Priorización de tareas**

El calendario también debe ayudar a priorizar.

Clasificación clásica:

1. Urgente — requiere acción inmediata.
2. Importante — relevante a medio plazo.
3. Programada — debe cumplirse en una hora específica.
4. Menor — puede realizarse en huecos cortos.

Uso de colores para priorización
- Rojo → Actividades críticas.
- Naranja → Alta prioridad.
- Azul → Actividades rutinarias.
- Verde → Actividades personales.

c) **Equilibrio entre vida laboral y personal**

Una ventaja de los calendarios digitales es que permiten detectar desequilibrios, como agendas saturadas o ausencia de tiempo personal.

Recomendaciones:
- Separar calendarios laboral y personal (pero mantenerlos sincronizados).
- Incluir tiempo de descanso.
- Programar pausas entre reuniones.
- Reservar huecos para actividades personales.

Un calendario equilibrado es una herramienta clave para mejorar el bienestar general.

2.6.3 Calendarios compartidos

Los calendarios compartidos son esenciales en entornos de trabajo, centros educativos y organizaciones. Permiten coordinar a varias personas sin necesidad de largas conversaciones.

a) **Cómo funcionan los calendarios compartidos**

Los permisos pueden ser:

- Solo lectura.
- Añadir eventos.
- Editar eventos.
- Administración completa.

Los usuarios pueden ver la disponibilidad de otros miembros sin acceder a contenido privado, respetando la confidencialidad.

b) **Usos comunes**

1. **Equipos de trabajo**

   Ideal para:
   - Programar reuniones.
   - Planificar entregas.
   - Coordinar turnos.

2. **Docentes y estudiantes**

   Ejemplos:
   - Calendario de entregas.
   - Exámenes.
   - Tutorías.

3. **Proyectos colaborativos**
   Con fechas límite compartidas, hitos y tareas asignadas.

4. **Familias**
   Para organizar actividades, citas, viajes o eventos escolares.

c) **Beneficios**

- Reduce mensajes innecesarios.
- Evita solapamientos.
- Facilita la visibilidad global del equipo.
- Mejora la comunicación interna.
- Permite coordinar actividades de forma eficiente.

2.6.4 Integración con aplicaciones externas

Los calendarios actuales no funcionan aislados: forman parte de ecosistemas digitales completos. Su integración con otras herramientas mejora la eficiencia del usuario.

a) **Integración con correo electrónico**

Ejemplos:

- Añadir un evento directamente desde un correo recibido.
- Confirmar asistencia ("RSVP") con un clic.
- Sincronizar invitaciones de Outlook, Gmail o plataformas educativas.

Esto elimina tareas repetitivas y agiliza la organización.

b) **Integración con videoconferencias**

Los calendarios suelen crear enlaces automáticos para:

- Google Meet.
- Zoom.
- Microsoft Teams.

Esto evita errores típicos como:

- No encontrar el enlace minutos antes.
- Enviar un enlace equivocado.
- Generar versiones duplicadas de reuniones.

c) **Integración con aplicaciones de productividad**

Herramientas compatibles:

- Trello
- Asana
- Notion
- Slack
- Jira
- Microsoft To Do
- Google Keep.

Ejemplos de integración:

- Crear tareas directamente desde un evento.
- Sincronizar fechas límite de proyectos.
- Recibir recordatorios cruzados en varias plataformas.

d) **Sincronización entre dispositivos**

Los calendarios funcionan en:

- Ordenadores.
- Tablets.
- Smartphones.
- Relojes inteligentes.

La sincronización en la nube asegura que:

- Un cambio en un dispositivo se refleja en todos.
- No haya eventos duplicados.
- El usuario reciba alertas en cualquier lugar.

2.6.5 Recomendaciones en el uso de calendarios

Para aprovechar al máximo el calendario digital es necesario adoptar hábitos adecuados.

a) **Evitar duplicaciones**

Duplicar eventos en varios calendarios confunde, satura y puede generar solapamientos falsos.

Recomendación:

- Elegir un calendario principal.
- Sincronizar solo cuando sea necesario.

b) **Mantener una estructura visual clara**

Para mejorar la lectura:

- Usar colores coherentes.
- Evitar títulos largos.
- Incluir descripciones solo cuando aporten valor.
- No saturar el calendario con tareas mínimas.

c) **Revisar el calendario diariamente**

Una revisión diaria ayuda a:

- Ajustar la agenda.
- Añadir cambios.
- Evitar olvidos.
- Planificar con antelación.

d) **Revisiones semanales y mensuales**

Las revisiones periódicas permiten:

- Analizar carga de trabajo.
- Reorganizar eventos recurrentes.
- Identificar semanas saturadas.
- Prever conflictos de horario.

e) **No abusar de las notificaciones**

Demasiadas alertas pueden:

- Saturar al usuario.
- Perder efectividad.
- Generar ansiedad digital.

La clave es configurar solo las notificaciones necesarias.

3

HERRAMIENTAS DE COLABORACIÓN EN LÍNEA

La transformación digital ha redefinido de manera profunda la forma en la que estudiantes, profesionales y organizaciones trabajan, se comunican y coordinan tareas. Hoy en día, la colaboración en línea no es una opción complementaria, sino una competencia esencial en prácticamente cualquier ámbito académico, laboral y social. Desde la elaboración conjunta de documentos hasta la gestión compartida de proyectos complejos, las herramientas de colaboración digital se han convertido en la base de los nuevos modelos de productividad.

Este módulo aborda de manera detallada y didáctica los conceptos, prácticas, tecnologías y competencias asociadas al trabajo colaborativo en entornos digitales. Su objetivo es proporcionar al usuario una visión completa que le permita comprender **cómo funcionan las plataformas colaborativas**, **qué ventajas aportan**, **cómo se estructura el trabajo en equipo** y **qué herramientas facilitan la cooperación efectiva**, tanto en tiempo real como en tareas asincrónicas.

La colaboración en línea no se limita a escribir simultáneamente en un documento: implica comunicación continua, gestión organizada de información, asignación clara de roles, control de versiones, integración de aplicaciones, sincronización entre dispositivos y prácticas de seguridad digital. Además, exige habilidades transversales como la planificación, la coordinación, la asertividad, el respeto por el trabajo de otros y la capacidad de adaptarse a distintos entornos tecnológicos.

A lo largo de este módulo se estudiarán los principios que definen la colaboración moderna:

- **El trabajo compartido** y la importancia de la edición simultánea y el control de cambios.

- **Los entornos colaborativos en la nube**, que permiten organizar, almacenar y sincronizar información en tiempo real.

- **La preparación técnica y organizativa necesaria** para trabajar correctamente en plataformas compartidas.

- **La gestión de permisos**, la protección de documentos y la seguridad de los datos compartidos.

- **Las herramientas de comunicación integradas** (chat, videollamadas, comentarios) como soporte esencial para la cooperación.

- **La colaboración móvil**, que permite mantener la productividad cuando el usuario se desplaza o trabaja desde dispositivos distintos al ordenador principal.

- **La coordinación y el trabajo en equipo**, analizando dinámicas, roles y normas internas que favorecen la eficiencia y reducen conflictos.

En este marco, el módulo no solo enseña a usar herramientas concretas como Google Drive, Microsoft 365, Trello, Slack, OneDrive o Notion, sino que también desarrolla una comprensión global del ecosistema colaborativo, explicando cómo se integran las aplicaciones, cómo se sincronizan los dispositivos y cómo se estructura una nube de trabajo segura y bien organizada.

Comprender y dominar las herramientas de colaboración en línea es clave para:

- Optimizar el tiempo y mejorar la productividad.
- Reducir errores y duplicidades de trabajo.
- Facilitar la comunicación dentro de un equipo.
- Permitir el teletrabajo y los entornos híbridos.
- Acceder, compartir y modificar documentos desde cualquier lugar.
- Formar parte activa de proyectos multidisciplinares.
- Incorporarse a entornos académicos o corporativos modernos.

3.1 CONCEPTOS DE COLABORACIÓN

La colaboración en línea constituye uno de los pilares esenciales de la sociedad digital contemporánea. Las organizaciones, centros educativos y usuarios particulares utilizan diariamente herramientas que permiten trabajar conjuntamente desde diferentes lugares, compartir documentos en tiempo real, comunicarse de forma instantánea, coordinar tareas y construir proyectos colectivos con un nivel de eficiencia que, hace apenas unos años, habría sido impensable.

3.1.1 Naturaleza del trabajo colaborativo

El trabajo colaborativo no consiste únicamente en compartir archivos o repartir tareas; implica un proceso comunicativo y organizativo en el que diversas personas contribuyen con ideas, conocimientos, habilidades y decisiones para alcanzar un objetivo común.

a) **Características fundamentales del trabajo colaborativo**

1. **Interdependencia positiva**
   Los miembros del equipo necesitan de las aportaciones de los demás. Nadie completa el proyecto por sí solo: las tareas están conectadas.

2. **Responsabilidad individual y colectiva**
   Cada integrante es responsable de su parte, pero también del resultado global.

3. **Comunicación constante**
   La colaboración exige mensajes claros, frecuencia en las actualizaciones y retroalimentación continua.

4. **Coordinación**
   La gestión del tiempo y la organización de tareas evitan duplicidades, retrasos y malentendidos.

5. **Finalidad común**
   Todos trabajan hacia un mismo objetivo, bien definido desde el inicio.

b) **Contextos donde aparece el trabajo colaborativo**

- **Educación:** trabajos en grupo, presentaciones, proyectos de investigación.

- **Empresa:** planificación de proyectos, informes colectivos, documentos compartidos.

- **Administración:** coordinación entre departamentos, preparación de documentación o expedientes.

- **Ámbito creativo:** diseño, edición multimedia, prototipado.

- **Entorno doméstico:** calendarios compartidos, organización familiar, listas de tareas.

La colaboración se ha convertido en un elemento transversal en todos los ámbitos.

c) **Ventajas del trabajo colaborativo**

- Permite combinar distintas perspectivas.
- Aumenta la calidad del resultado final.
- Reduce tiempos de ejecución.
- Facilita la especialización de tareas.
- Mejora la comunicación dentro del equipo.
- Potencia habilidades sociales y digitales.

d) **Retos habituales del trabajo colaborativo**

- Dificultad para coordinar horarios.
- Falta de claridad en roles y responsabilidades.
- Mala gestión del tiempo o exceso de notificaciones.
- Desorganización de archivos o documentos duplicados.
- Falta de compromiso de algunos miembros del equipo.

El conocimiento de estos retos permite anticiparlos y gestionarlos adecuadamente.

3.1.2 Trabajo compartido en documentos digitales

El uso de documentos compartidos en la nube es una de las prácticas más habituales y representativas del trabajo colaborativo. Plataformas como Google Workspace, Microsoft 365 o Dropbox permiten que varias personas trabajen simultáneamente en un mismo archivo, sin necesidad de enviarlo por correo o crear múltiples versiones.

a) **Edición conjunta en tiempo real**

Una de las funciones más útiles de las herramientas modernas es la posibilidad de ver cómo otros usuarios escriben o editan contenido en el mismo instante.

Beneficios:

- Reducción de tiempos de espera.
- Eliminación de versiones duplicadas.
- Mayor claridad en las aportaciones.
- Fluidificación de la comunicación del equipo.

Ejemplo:

Tres personas pueden redactar a la vez un informe, viendo los cambios de cada una, comentando párrafos y validando ideas sin necesidad de reuniones constantes.

b) **Control de cambios**

Muchas plataformas permiten:

- Aceptar o rechazar cambios.
- Comparar versiones anteriores.
- Consultar quién realizó cada edición.

Esto facilita mantener un historial claro y evita que errores o modificaciones no deseadas pasen desapercibidos.

c) **Comentarios y sugerencias**

Los comentarios son un componente esencial de los entornos colaborativos:

- Permiten aclarar dudas directamente en el documento.
- Evitan largas cadenas de correos.
- Facilitan la revisión docente o académica.
- Ofrecen un canal estructurado para dar retroalimentación.

La herramienta de sugerencias permite proponer cambios sin alterar el contenido original hasta que otro usuario los apruebe.

3.1.3 Entornos colaborativos en la nube

Los entornos colaborativos van más allá de la edición de documentos. Se trata de plataformas completas donde se agrupan herramientas, archivos, comunicación y gestión de tareas en un único espacio.

a) **Características de un entorno colaborativo integral**

- Repositorio de archivos compartidos.
- Gestión de permisos.

- Comunicación integrada (chat o comentarios).
- Sincronización entre dispositivos.
- Historial de actividad.
- Aplicaciones complementarias (formularios, hojas de cálculo, presentaciones).

Ejemplos de entornos colaborativos:

- Google Workspace.
- Microsoft Teams.
- Notion.
- Trello (gestión visual de proyectos).
- Slack (mensajería y organización por canales).

b) Plataformas generalistas vs. especializadas

Generalistas

Incluyen herramientas diversas en una misma plataforma.

Ej.: Google Workspace combina correo, Drive, Docs, Calendar y Meet.

Especializadas

Se centran en una función concreta:

- Slack → comunicación.
- Trello → gestión visual de proyectos.
- GitHub → desarrollo de software.

Elegir la plataforma adecuada dependerá del tipo de proyecto.

c) Comunicación interna en entornos colaborativos

La interacción puede realizarse mediante:

- Chats instantáneos.
- Canales temáticos.
- Comentarios en documentos.
- Videollamadas.
- Reacciones rápidas (emojis, etiquetas, marcadores).

La clave es combinar estas herramientas de manera organizada, evitando saturación comunicativa.

3.1.4 Roles, dinámicas y responsabilidades dentro de los equipos

La colaboración solo funciona correctamente cuando cada persona entiende su rol y se establecen dinámicas claras.

a) **Roles principales en un equipo colaborativo**

1. **Coordinador/a o líder**

   – Supervisa el trabajo general.
   – Organiza reuniones.
   – Distribuye tareas.
   – Resuelve conflictos.

2. **Redactor/a o responsable del contenido**

   – Elabora textos, documentos o informes.
   – Garantiza coherencia y estilo.

3. **Revisor/a**

   – Corrige errores.
   – Valida formatos.
   – Asegura calidad del producto final.

4. **Técnico/a o gestor/a de herramientas**

   – Organiza el espacio digital.
   – Gestiona permisos.
   – Soluciona problemas de acceso.

5. **Responsable de seguimiento**

   – Controla fechas límite.
   – Actualiza calendarios.
   – Verifica avances del proyecto.

Los roles pueden rotar y adaptarse al tipo de trabajo.

b) **Dinámicas de trabajo**

   • Establecer reuniones breves de coordinación ("daily meetings").
   • Asignar tareas claramente en herramientas como Trello o Planner.
   • Evitar sobrecarga de mensajes.
   • Actualizar el estado de cada tarea regularmente.
   • Mantener todo el material del proyecto en un único espacio organizado.

c) **Gestión de conflictos**

Los conflictos pueden surgir por:

- Diferencias de criterios.
- Falta de comunicación.
- Sobrecarga de trabajo.
- Mal uso de herramientas digitales.

Recomendaciones:

- Expresar desacuerdos respetuosamente.
- Escuchar antes de responder.
- Definir responsabilidades por escrito.
- Documentar acuerdos dentro del entorno colaborativo.

La colaboración en línea es una competencia clave en el entorno digital actual. Comprender cómo funciona el trabajo compartido, dominar la edición conjunta, manejar entornos colaborativos en la nube y establecer roles y dinámicas claras permite trabajar de forma eficaz, organizada y profesional. Este apartado proporciona la base teórica y práctica para avanzar hacia el uso experto de herramientas de colaboración digital que se desarrolla en los puntos siguientes.

3.2 PREPARARSE PARA LA COLABORACIÓN EN LÍNEA

Antes de participar en un entorno colaborativo digital, es necesario realizar una preparación adecuada que garantice un uso eficiente, ordenado y seguro de las herramientas. Esta fase previa es esencial, ya que una colaboración mal preparada puede derivar en pérdida de información, duplicación de archivos, accesos no autorizados, problemas de sincronización o desorganización general del proyecto.

Prepararse para la colaboración en línea implica mucho más que simplemente "crear una cuenta": incluye comprender cómo funcionan los permisos, saber configurar correctamente los dispositivos, estructurar espacios de trabajo y adoptar hábitos tecnológicos que permitan un funcionamiento fluido y libre de errores.

En este apartado se desarrollan en profundidad los elementos clave de esta preparación, proporcionando una visión completa y práctica adecuada tanto para estudiantes como para profesionales y equipos de trabajo.

3.2.1 Creación de cuentas y perfiles digitales

La cuenta es la puerta de entrada a cualquier plataforma colaborativa. Su correcta configuración es esencial para garantizar seguridad, accesibilidad y eficiencia durante el trabajo.

a) **Registro en plataformas colaborativas**

Las plataformas de colaboración más utilizadas —Google Workspace, Microsoft 365, Dropbox, Slack, Trello, Notion, entre otras— requieren la creación de una cuenta con un correo electrónico. En contextos educativos o empresariales, estas cuentas suelen ser proporcionadas por la organización, lo que ofrece ventajas como:

- Mayor capacidad de almacenamiento.
- Integración plena con las herramientas internas.
- Seguridad reforzada.
- Sincronización automática entre servicios.
- Acceso a documentos compartidos institucionalmente.

En otros casos, los usuarios deben crear su cuenta personal, definiendo contraseña y autenticación.

b) **Configuración del perfil digital**

El perfil debe incluir:

- Nombre y apellidos reales.
- Fotografía profesional o neutra.
- Cargo o rol en el caso de equipos profesionales.
- Información de contacto.
- Zona horaria configurada correctamente.

La utilización del nombre real no es una cuestión de formalidad, sino de claridad al trabajar en documentos compartidos: facilita identificar quién edita y quién comenta.

c) **Seguridad inicial**

Para garantizar una cuenta segura se deben seguir medidas básicas:

- Crear contraseñas largas y complejas.
- Activar la verificación en dos pasos.
- Revisar dispositivos conectados periódicamente.
- Evitar que navegadores públicos almacenen credenciales.

La seguridad es indispensable en entornos colaborativos, ya que una brecha puede comprometer no solo los archivos propios, sino también los compartidos con otros usuarios.

d) **Sincronización entre dispositivos**

Muchos usuarios trabajan desde varios lugares —clase, oficina, casa— y desde distintos dispositivos —móvil, tablet, portátil—. La sincronización permite:

- Acceder a los archivos desde cualquier dispositivo.
- Mantener documentos actualizados en tiempo real.
- Continuar tareas sin depender de un único equipo.
- Evitar perder archivos por fallos técnicos.

Es fundamental iniciar sesión con la misma cuenta en todos los dispositivos para evitar inconsistencias o duplicaciones.

3.2.2 Gestión de permisos y niveles de acceso

Quizás el aspecto más crítico de la colaboración en línea es la correcta gestión de permisos. Un solo error puede permitir que usuarios no autorizados editen o eliminen información importante.

a) **Tipos básicos de permisos**

Las plataformas colaborativas suelen utilizar cuatro niveles principales:

1. **Solo lectura**
   El usuario puede ver el contenido, pero no modificarlo.

2. **Comentarios**
   Puede añadir anotaciones o sugerencias, pero no cambiar el contenido directamente.

3. **Editor**
   Puede modificar el documento, añadir contenido y reorganizarlo.
   Es el permiso más delicado: debe asignarse con criterio.

4. **Administrador o propietario**
   Control total del archivo: compartir, revocar permisos, eliminar, restaurar versiones, etc.

b) **Permisos temporales**

En algunos casos es útil otorgar permisos solo por un periodo determinado:
- Revisiones de documentos.
- Entregas académicas.
- Participación de colaboradores externos.
- Trabajadores temporales o freelances.

Una vez concluida la colaboración, estos permisos deben revocarse.

c) **Privacidad y control de acceso**

Toda plataforma incluye opciones avanzadas:
- Compartir solo con usuarios concretos.
- Compartir mediante enlace restringido.
- Compartir mediante enlace abierto (desaconsejado en proyectos sensibles).
- Restringir descargas o copias.
- Evitar la compartición adicional por parte de los editores.

La regla de oro es:

Dar el permiso mínimo necesario para cada función.

d) **Riesgos de una mala gestión de permisos**

- Eliminación accidental de documentos.
- Filtración de información sensible.
- Publicación involuntaria de archivos privados.
- Pérdida de control sobre el contenido.
- Conflictos de versiones o modificaciones contradictorias.

Por ello, la asignación de permisos debe planificarse cuidadosamente desde el inicio del proyecto.

3.2.3 Sincronización de archivos y dispositivos

La sincronización es la base del trabajo colaborativo moderno, ya que garantiza que todos los participantes accedan a la versión más reciente del contenido.

a) **Funcionamiento de la sincronización automática**

Cuando se trabaja con plataformas como Google Drive, OneDrive o Dropbox:

- Los archivos se actualizan en tiempo real.
- Los cambios se replican en todos los dispositivos conectados.
- El usuario puede acceder al documento incluso desde móviles.
- La plataforma conserva versiones anteriores del archivo.

Las copias de seguridad y el historial de versiones permiten recuperar contenido en caso de errores o eliminación no intencional.

b) **Beneficios de la sincronización**

- Evita duplicados: un solo archivo compartido para todos.
- Impide que se pierdan documentos.
- Facilita el trabajo remoto.
- Asegura continuidad entre dispositivos.
- Mejora la productividad del equipo.

Ejemplo:

Un estudiante comienza una presentación en su portátil, la revisa desde el móvil camino a clase y la expone desde un ordenador del aula, sin necesidad de usar pendrives.

c) **Solución de conflictos de versiones**

A veces, si dos usuarios trabajan sin conexión o desde dispositivos desincronizados, pueden surgir conflictos.

Los sistemas colaborativos suelen:

- Crear una versión alternativa del archivo.
- Advertir al usuario.
- Solicitar conciliación manual.

La mejor prevención es mantener siempre conexión estable y evitar editar un archivo descargado sin sincronización.

3.2.4 Preparación técnica y organizativa

Además de los aspectos técnicos de cuentas, permisos y sincronización, la colaboración exige un entorno organizado y reglas claras dentro del equipo.

a) **Preparación técnica de los dispositivos**

Los dispositivos deben cumplir unos mínimos:

- Sistema operativo actualizado.
- Navegador actualizado (Chrome, Edge, Firefox).
- Estabilidad de conexión a Internet.
- Aplicaciones de escritorio instaladas si la plataforma lo requiere.
- Configuración correcta de fecha y hora (clave para sincronización).

b) **Estructura de carpetas compartidas**

Un espacio colaborativo eficaz requiere organización:

Ejemplo de estructura recomendada

- **Carpeta principal del proyecto**
  - 01 Documentación inicial.
  - 02 Archivos de trabajo.
  - 03 Presentaciones.
  - 04 Entregables finales.
  - 05 Recursos complementarios.

Beneficios

- Facilita la localización de documentos.
- Reduce confusiones.
- Evita que el equipo trabaje en archivos incorrectos.
- Permite crear procedimientos estándar.

c) **Normas internas del equipo**

Antes de comenzar a trabajar, el equipo debe acordar:

- Cómo se nombrarán los archivos.
- Qué permisos tendrá cada persona.
- Qué canal se usará para comunicar cambios.
- Cómo se gestionarán nuevas versiones.
- Cuándo se harán reuniones de seguimiento.
- Cómo se resolverán conflictos de edición.

Estas normas, aunque simples, evitan la mayoría de problemas habituales.

d) **Recomendaciones de uso en colaboración**

- No eliminar archivos sin avisar.
- No modificar documentos si otro usuario está editando.
- Revisar el historial antes de hacer cambios importantes.
- Evitar la duplicación innecesaria de archivos.
- Añadir comentarios en lugar de cambiar contenido sin aviso.
- Mantener el espacio ordenado y limpio.

Prepararse para la colaboración en línea es una etapa fundamental que determina el éxito del trabajo posterior. Crear adecuadamente las cuentas, configurar el perfil digital, gestionar permisos con precisión, garantizar la sincronización entre dispositivos, organizar estructuras de carpetas y establecer normas internas del equipo son prácticas indispensables para lograr una colaboración fluida, segura y eficiente.

El usuario que domina estas habilidades está listo para trabajar en entornos colaborativos modernos, aprovechando al máximo las herramientas digitales que permiten crear proyectos sólidos y bien estructurados.

3.3 UTILIZAR HERRAMIENTAS DE COLABORACIÓN EN LÍNEA

Las herramientas de colaboración en línea se han convertido en el motor de los nuevos modelos de trabajo digital. Hoy en día, casi todos los proyectos —desde tareas académicas hasta procesos empresariales complejos— se construyen a través de plataformas en la nube que permiten crear, editar, almacenar, compartir y coordinar documentos y actividades en tiempo real. Estas herramientas han transformado profundamente la productividad, eliminando dependencias del correo electrónico, reduciendo la duplicidad de archivos y favoreciendo una comunicación inmediata basada en la transparencia, la eficiencia y la participación de todos los miembros del equipo.

En este apartado se aborda el uso práctico y avanzado de las herramientas de colaboración más importantes: los sistemas de almacenamiento en la nube, los editores digitales simultáneos y las plataformas de gestión de proyectos. El objetivo es que el usuario adquiera competencias sólidas para seleccionar la herramienta adecuada en cada contexto, utilizarla de forma óptima y comprender cómo se integran entre sí para construir un ecosistema de trabajo moderno, seguro y bien organizado.

3.3.1 Plataformas de almacenamiento en la nube

Las plataformas de almacenamiento en la nube permiten guardar archivos en servidores remotos a los que se puede acceder desde cualquier dispositivo conectado a Internet. Constituyen la base del trabajo colaborativo, ya que centralizan la información y garantizan que todos los usuarios trabajen siempre sobre la versión más actualizada del documento.

a) **Características generales del almacenamiento en la nube**

Los servicios en la nube ofrecen:
- Acceso universal desde cualquier dispositivo.
- Sincronización automática de archivos.
- Historial de versiones.
- Espacios compartidos para equipos.
- Posibilidad de trabajar offline (según plataforma).
- Copias de seguridad permanentes.
- Integración con editores de texto, hojas de cálculo o presentaciones.

Estas funciones sustituyen el uso de pendrives, descargas repetidas o envío constante de adjuntos.

b) **Principales plataformas de almacenamiento en la nube**

1. **Google Drive**
   Extremadamente utilizado en entornos educativos.

   Ventajas:
   - Integración directa con Google Docs, Sheets, Slides.
   - Edición simultánea fluida.
   - Búsqueda inteligente.
   - Espacios compartidos para equipos.

2. **OneDrive**
   Herramienta integrada en Microsoft 365.

   Ventajas:
   – Sincronización profunda con Word, Excel, PowerPoint.
   – Excelente rendimiento en entornos corporativos.
   – Integración con Microsoft Teams.

3. **Dropbox**
   Una de las primeras plataformas de nube.

   Ventajas:
   – Estabilidad y rapidez en sincronización.
   – Buena gestión de archivos grandes.
   – Integración con múltiples aplicaciones externas.

   Otros servicios: iCloud, Box, Mega, Amazon Drive (con usos más específicos).

c) **Estructuración de carpetas compartidas**

   Organizar correctamente un espacio de trabajo compartido es fundamental para evitar confusiones.

   Ejemplo de estructura recomendada:

   • **Proyecto X**
     – 01. Documentación inicial.
     – 02. Reuniones y actas.

- 03. Material de trabajo.
- 04. Entregables finales.
- 05. Recursos y plantillas.

Una estructura clara facilita encontrar información incluso cuando el proyecto involucra a varios usuarios durante períodos prolongados.

d) **Beneficios del almacenamiento en la nube para la colaboración**

- Permite que todos los miembros del equipo accedan al contenido actualizado.
- Evita duplicidades y errores de versión.
- Facilita la comunicación mediante comentarios y sugerencias.
- Permite trabajar en remoto sin limitaciones físicas.
- Garantiza seguridad mediante permisos configurables.

3.3.2 Edición simultánea de documentos

La edición simultánea es una de las funciones más potentes de las herramientas colaborativas, ya que permite trabajar en un mismo archivo al mismo tiempo, viendo los cambios en tiempo real.

a) **Cómo funciona la edición simultánea**

En plataformas como Google Docs o Microsoft Word Online:

- Cada usuario ve el cursor de los demás.
- Los cambios se reflejan al instante.
- Se pueden añadir comentarios en los márgenes.
- Se guardan automáticamente todas las ediciones.

Esta tecnología elimina el problema de enviar versiones por correo ("Informe_v3_final_real_definitivo.pdf").

b) **Control de versiones**

Las herramientas actuales permiten:

- Revisar todas las versiones anteriores del documento.
- Restaurar una versión previa si se produce un error.
- Ver qué usuario realizó cada cambio.
- Comparar diferencias.

Por ejemplo, Google Docs muestra un historial completo con colores asociados a cada usuario.

c) **Comentarios, menciones y sugerencias**

Estas funciones mejoran la comunicación dentro del documento.

Comentarios

Permiten:

- Hacer observaciones.
- Formular dudas.
- Proponer modificaciones.

Menciones (@usuario)

Notifican directamente a una persona.

Ejemplo:

"@Ana, revisa este apartado antes del viernes".

Sugerencias (modo revisión)

Permiten proponer cambios sin alterar el texto definitivo.

El equipo puede aceptarlos o rechazarlos.

d) **Edición offline**

Algunas plataformas permiten editar documentos sin conexión:

- Google Docs en modo offline.
- OneDrive con aplicación de escritorio.

Los cambios se sincronizan automáticamente al recuperar la conexión.

e) **Integración con otras aplicaciones**

La edición simultánea puede conectarse con:

- Chats integrados.
- Sistemas de videollamadas.
- Aplicaciones de gestión de tareas.
- Plataformas educativas.

Ejemplo:

Durante una reunión de Teams, el equipo abre un documento compartido y lo edita en tiempo real mientras habla por videollamada.

3.3.3 Gestión compartida de proyectos

Las herramientas de gestión de proyectos permiten planificar, organizar, asignar tareas y dar seguimiento a múltiples actividades dentro de un equipo. Son especialmente útiles en proyectos largos, trabajos con muchos participantes o tareas que requieren coordinación constante.

a) **Principales herramientas de gestión colaborativa**

1. **Trello**
   Basado en tableros Kanban:
   – Listas (Por hacer / En proceso / Hecho).
   – Tarjetas (tareas).
   – Etiquetas por prioridad.
   – Fechas límite.
   – Checklists internas.

   Es visual, intuitivo e ideal para equipos educativos y pequeños grupos.

2. **Asana**
   Más avanzado que Trello, permite:
   – Cronogramas.
   – Gestión de recursos.
   – Reglas automáticas.
   – Formularios internos.

   Muy utilizado en empresas.

3. **Microsoft Planner**
   Integrado en Teams y Microsoft 365.
   Ideal para empresas o instituciones que ya usan ese ecosistema.

4. **Notion**
   Extremadamente flexible.

   Permite:
   – Bases de datos.
   – Tableros.
   – Wikis del equipo.
   – Documentación integrada.

b) **Funciones comunes en plataformas de gestión**

Todas las herramientas presentan características compartidas:

- Crear tareas y asignarlas a usuarios.
- Indicar fechas límite.
- Adjuntar archivos o enlaces.
- Añadir comentarios dentro de cada tarea.
- Etiquetar por prioridad, estado o categoría.
- Registrar avances del proyecto.

c) **Calendarios integrados y cronogramas**

Los calendarios permiten visualizar:

- Fechas límite próximas.
- Reuniones de seguimiento.
- Tareas asignadas por semana o mes.

Los cronogramas (Gantt) muestran de forma lineal la duración y superposición de tareas.

d) **Automatización de procesos**

Algunas plataformas permiten automatizar acciones, como:

- Mover tareas al pasar la fecha.
- Enviar recordatorios automáticos.
- Cambiar etiquetas según el estado.
- Notificar al equipo sobre avances.

Estas automatizaciones mejoran la eficiencia y reducen el trabajo repetitivo.

e) **Beneficios de la gestión colaborativa de proyectos**

- Transparencia total del trabajo.
- Reducción de errores de comunicación.
- Claridad en la responsabilidad de cada miembro.
- Mejor seguimiento del avance.
- Organización centralizada del proyecto.
- Ahorro de tiempo y recursos.

3.3.4 Comunicación y coordinación dentro de los equipos

La comunicación es el motor que hace funcionar las herramientas colaborativas. Sin comunicación efectiva, las plataformas pierden todo su potencial.

a) **Canales de comunicación**

Chats integrados

Permiten conversaciones rápidas relacionadas con tareas o documentos.

Canales temáticos (Slack, Teams, Discord)

Separan conversaciones por proyectos o áreas.

Videollamadas

Fundamentales para reuniones de coordinación, revisiones colectivas o sesiones de planificación.

b) **Notificaciones inteligentes**

Las herramientas permiten configurar notificaciones sobre:
- Nuevas tareas asignadas.
- Cambios en documentos.
- Comentarios donde el usuario es mencionado.
- Fechas límite próximas.

Gestionarlas adecuadamente evita saturación informativa.

c) **Registro de actividad**

Permite saber:
- Quién hizo qué.
- Cuándo se realizó un cambio.
- Qué tareas se completaron.

Esto brinda transparencia y facilita el seguimiento.

d) **Reuniones de coordinación**

Recomendaciones:
- Reuniones breves.
- Orden del día claro.
- Revisión de tareas asignadas.
- Definir nuevos objetivos.
- Registrar decisiones en un documento compartido.

Las herramientas de colaboración en línea son esenciales para el trabajo moderno. Proporcionan un ecosistema integrado donde se almacenan archivos, se editan documentos en tiempo real, se gestionan proyectos y se facilita la comunicación entre los miembros del equipo. Dominar estas herramientas permite trabajar de forma más eficiente, reducir errores, evitar duplicidades y mantener un flujo continuo de información clara y organizada.

La evolución de la tecnología móvil ha transformado la forma en que interactuamos con la información y trabajamos con otros. Si antes la colaboración digital dependía casi exclusivamente del ordenador, hoy los smartphones y las tablets permiten continuar tareas, editar documentos, asistir a reuniones y gestionar proyectos desde cualquier lugar. El aumento de potencia de los dispositivos móviles, la mejora de la conectividad y la expansión de aplicaciones basadas en la nube han configurado un escenario en el que la movilidad es parte integral de la dinámica laboral, educativa y organizativa.

Hablar de **colaboración móvil** implica comprender no solo cómo funcionan las aplicaciones específicas, sino también cómo se integran con ecosistemas completos, cómo sincronizan datos en tiempo real, qué prácticas garantizan productividad y qué mecanismos de seguridad protegen a los usuarios frente a riesgos digitales. Este capítulo proporciona una visión completa, profunda y práctica del uso de dispositivos móviles para colaborar eficazmente en la nube y dentro de estructuras de trabajo en equipo.

3.3.5 Uso de dispositivos móviles en entornos de trabajo colaborativo

La colaboración móvil es el conjunto de actividades que se realizan desde un dispositivo portátil —principalmente teléfonos y tablets— para participar en proyectos, comunicarse con equipos, editar información compartida o coordinar tareas. Este uso se ha generalizado gracias a varios factores tecnológicos fundamentales.

a) **Conectividad permanente**

El acceso ubicuo a Internet —por Wi-Fi, 4G o 5G— permite mantener la sincronización continua con:

- Documentos compartidos.
- Aplicaciones de trabajo.
- Calendarios y tareas.
- Herramientas de gestión de proyectos.
- Servicios de mensajería interna.

La alta velocidad de las redes móviles hace posible descargar, subir, modificar y compartir archivos casi al instante.

b) **Potencia de los dispositivos modernos**

Los móviles actuales disponen de:

- Procesadores avanzados.
- Memoria RAM suficiente para multitarea real.
- Almacenamiento ampliado.
- Pantallas de alta definición.
- Sistemas operativos optimizados (Android, iOS).

Esto hace posible realizar actividades que antes requerían un ordenador completo, como editar hojas de cálculo complejas, crear presentaciones o gestionar plataformas de trabajo empresarial.

c) **Movilidad real y flexibilidad**

El usuario puede colaborar:

- Durante desplazamientos.
- En reuniones presenciales.
- Cuando se encuentra fuera de la oficina o aula.
- En viajes profesionales.
- Desde casa o espacios compartidos.

La colaboración móvil permite reaccionar rápidamente ante cambios, responder a mensajes urgentes, actualizar documentos o validar tareas sin necesidad de esperar a llegar al ordenador.

d) **Continuidad del trabajo**

Una ventaja clave es la posibilidad de comenzar una tarea en un ordenador, continuarla en un dispositivo móvil y finalizarla en otro entorno, todo ello sin intervención del usuario. La sincronización automática asegura que el trabajo no se fragmenta, sino que fluye de un dispositivo a otro sin interrupciones.

3.3.6 Aplicaciones dedicadas a la colaboración en movilidad

Los entornos colaborativos han desarrollado versiones móviles de sus aplicaciones para garantizar que los usuarios puedan participar desde cualquier lugar. Estas apps están diseñadas para aprovechar pantallas táctiles, teclados virtuales, cámaras y sensores, proporcionando una experiencia específica para móviles y tablets.

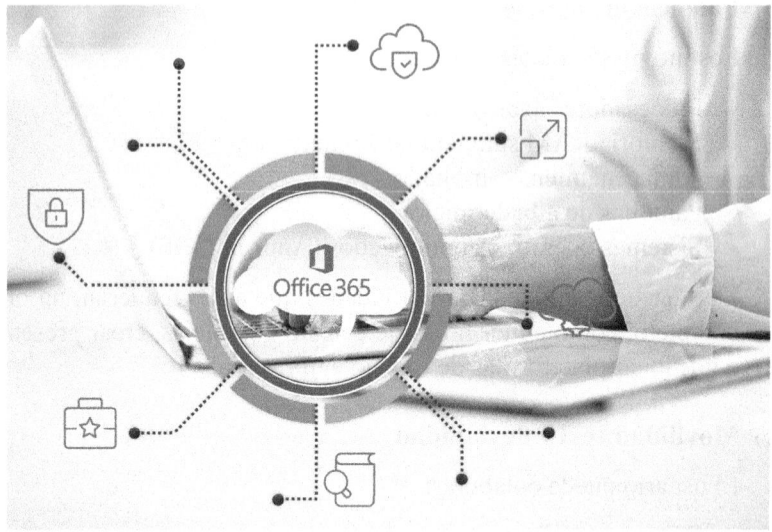

a) **Aplicaciones de ofimática en la nube**

Google Workspace móvil

Incluye apps como:

- Google Docs
- Google Sheets
- Google Slides
- Google Drive
- Google Meet
- Google Keep.

Principales características:

- Edición simultánea en tiempo real.
- Comentarios y sugerencias desde el móvil.
- Integración con la cámara para escanear documentos.
- Funcionamiento offline de archivos previamente sincronizados.

Microsoft 365 móvil

Incluye:

- Word
- Excel
- PowerPoint
- OneDrive
- Teams
- OneNote.

Ventajas destacadas:

- Excelente formato en documentos empresariales.
- Integración con SharePoint y Outlook.
- Chats, videollamadas y canales desde Teams.
- Edición avanzada gracias a herramientas táctiles optimizadas.

b) Herramientas de comunicación colaborativa

Las aplicaciones móviles son fundamentales para la coordinación diaria.

Microsoft Teams

- Chats individuales y grupales.
- Videollamadas y reuniones programadas.
- Acceso a archivos compartidos.
- Sincronización con Planner y OneDrive.

Slack

- Canales temáticos.
- Mensajería estructurada.
- Integración con Google Drive, GitHub, Trello.
- Notificaciones inteligentes configurables.

Discord (ámbito educativo y técnico)

- Canales de texto y voz.
- Compartición rápida de archivos.
- Bots para automatización.

c) Herramientas de gestión de proyectos en móvil

Trello

- Tableros Kanban optimizados para pantallas táctiles.
- Arrastrar tarjetas entre columnas.
- Checklists, fechas límite y etiquetas.
- Adjuntar fotos tomadas con la cámara.

Asana

- Visualización de tareas por equipo.
- Calendarios integrados.
- Automatización y recordatorios.
- Conversaciones dentro de cada tarea.

Notion

- Bases de datos adaptadas al táctil.
- Wikis de equipo.
- Plantillas de gestión del conocimiento.
- Integración con calendario del dispositivo.

d) **Herramientas de almacenamiento en la nube**

Google Drive

Permite:

- Visualizar y subir archivos.
- Compartir documentos.
- Acceder a unidades de equipo.
- Escanear documentos usando la cámara.

OneDrive

Ofrece:

- Sincronización profunda con dispositivos Windows.
- Carpetas protegidas.
- Integración con Microsoft Office móvil.

Dropbox

Especialmente útil para:

- Archivos pesados.
- Sincronización rápida.
- Escaneo de documentos con OCR.

3.3.7 Recomendaciones de productividad en movilidad

Para utilizar los dispositivos móviles de forma eficiente en entornos colaborativos, es necesario adoptar una serie de recomendaciones que mejoran la organización, aumentan la productividad y evitan errores comunes.

a) **Organización y optimización del dispositivo**

- Mantener solo las aplicaciones necesarias para el proyecto.
- Configurar carpetas de acceso rápido.
- Evitar saturar el almacenamiento interno.
- Actualizar aplicaciones para garantizar compatibilidad.
- Utilizar widgets (cuando existan) para acceso más rápido a herramientas.

b) **Gestión adecuada de notificaciones**

Los móviles pueden generar saturación informativa, lo que dificulta la concentración y la eficiencia. Para evitarlo:

- Configurar notificaciones solo para tareas críticas.
- Activar el modo "No molestar" durante reuniones o estudio.
- Silenciar canales no esenciales.
- Programar periodos sin interrupciones.

El equilibrio entre estar informado y evitar distracciones es fundamental.

c) **Uso inteligente del modo offline**

Muchos servicios permiten:

- Descargar documentos.
- Editar sin conexión.
- Sincronizar automáticamente más tarde.

Esto resulta útil cuando el usuario viaja, está en zonas con mala conexión o necesita consultar información sin red.

d) **Ahorro de batería y optimización energética**

El móvil es una herramienta crucial, por lo que debe mantenerse operativo:

- Reducir brillo de pantalla.
- Cerrar apps en segundo plano.
- Utilizar modo ahorro de energía.
- Desactivar Bluetooth o GPS si no se usan.
- Llevar una batería externa.

e) **Integración con el calendario y recordatorios**

La productividad móvil aumenta cuando se sincronizan:

- Reuniones.
- Fechas límite.
- Tareas pendientes.
- Recordatorios territoriales (basados en ubicación).

Esto permite que el usuario reciba avisos automáticos según el flujo de trabajo del proyecto.

3.3.8 Seguridad en movilidad

La movilidad amplía las posibilidades de colaboración, pero también aumenta el riesgo de exposición a amenazas. Los dispositivos móviles suelen almacenarse en bolsos, bolsillos o lugares accesibles; se conectan a redes públicas y contienen información sensible del usuario y del equipo. Por ese motivo, la seguridad en movilidad es un componente esencial del trabajo colaborativo.

a) **Protección del dispositivo**

Medidas básicas:

- Contraseña o PIN seguro.
- Huella dactilar o reconocimiento facial.
- Bloqueo automático tras unos minutos.
- Evitar dejar el dispositivo sin supervisión.

b) **Seguridad en redes y conexiones**

Nunca se debe:

- Conectarse a redes Wi-Fi públicas sin protección.
- Acceder a archivos sensibles desde conexiones inseguras.

Recomendaciones:

- Utilizar redes privadas o datos móviles.
- Emplear VPN para conexiones corporativas.
- Desactivar Bluetooth cuando no se use.

c) **Configuración segura de las aplicaciones**

- Revisar permisos de cada app.
- Evitar aplicaciones de desarrolladores desconocidos.
- Actualizar para corregir vulnerabilidades.
- Activar verificaciones de identidad en servicios colaborativos.

d) **Cifrado y protección de datos**

Los sistemas modernos ofrecen:

- Cifrado del dispositivo.
- Copias de seguridad cifradas.
- Almacenamiento seguro en la nube.

e) **Prevención de fugas de información**

Evitar:

- Compartir capturas de pantalla sin revisar contenido sensible.
- Enviar enlaces sin permisos controlados.
- Almacenar documentos laborales en aplicaciones personales.

La colaboración móvil representa una evolución natural del trabajo digital, permitiendo participar en proyectos, comunicarse con equipos, acceder a documentos y gestionar tareas desde cualquier lugar. Gracias a la potencia de los dispositivos modernos, la sincronización en la nube y las aplicaciones dedicadas, la productividad ya no depende de un espacio físico o de un ordenador concreto.

Sin embargo, para aprovechar plenamente estos beneficios, es fundamental dominar prácticas de organización, comunicación y seguridad específicas del entorno móvil. La correcta configuración del dispositivo, la gestión racional de notificaciones, el uso eficiente de aplicaciones oficiales y la protección de datos sensibles garantizan una experiencia de colaboración completa, responsable y eficiente.

El usuario que domina la colaboración móvil adquiere una de las competencias digitales más demandadas en el mundo académico y profesional, fortaleciendo su capacidad para integrarse en equipos modernos, gestionar proyectos en tiempo real y adaptarse a modelos de trabajo flexibles, distribuidos e interconectados.

4

SEGURIDAD INFORMÁTICA

La seguridad informática es uno de los pilares fundamentales de la sociedad digital actual. Vivimos en un entorno en el que la información se almacena, transmite y comparte continuamente a través de redes, dispositivos y plataformas en línea. Esta realidad, que ha multiplicado las posibilidades de comunicación y productividad, también ha incrementado los riesgos asociados al uso de la tecnología: desde ataques de malware hasta fugas de datos, accesos no autorizados, suplantación de identidad y vulnerabilidades en redes personales o corporativas.

Este módulo tiene como objetivo ofrecer al estudiante una visión clara, completa y estructurada de los principios esenciales que garantizan un uso seguro de los sistemas informáticos. A diferencia de otros contenidos centrados únicamente en aspectos técnicos avanzados, este módulo adopta un enfoque **práctico, accesible y formativo**, orientado a que cualquier usuario —independientemente de su experiencia previa— adquiera las competencias necesarias para proteger sus dispositivos, su información y su identidad digital.

Este módulo analiza la seguridad informática desde varias dimensiones:

▶ **La protección del usuario**, entendida como la adopción de hábitos seguros y la capacidad de identificar riesgos digitales.

▶ **La protección del equipo y los dispositivos**, centrada en medidas técnicas y configuraciones adecuadas.

▶ **La protección de las redes**, imprescindible para garantizar comunicaciones libres de intrusiones.

▼ **La protección de los datos**, relacionada tanto con la privacidad personal como con el almacenamiento seguro de información profesional.

▼ **La protección del entorno digital en el que trabajamos**, especialmente relevante debido al aumento del teletrabajo, la nube y la colaboración en línea.

La seguridad informática no es un concepto aislado. Está vinculada con herramientas, decisiones, comportamientos y configuraciones que el usuario debe conocer y aplicar. Por ese motivo, a lo largo de este módulo se profundizará en temas clave como:

▼ Las principales amenazas digitales (malware, phishing, ransomware, spam).

▼ Los mecanismos de defensa disponibles (antivirus, firewalls, actualizaciones, contraseñas seguras).

▼ El uso seguro de la Web y del correo electrónico.

▼ Las buenas prácticas de navegación y comunicación.

▼ La seguridad en redes públicas y privadas.

▼ La gestión adecuada y responsable de los datos personales y profesionales.

Además, este módulo está estructurado para fomentar la **alfabetización digital en seguridad**, proporcionando ejemplos concretos, situaciones realistas y explicaciones que permiten comprender cómo se producen los ataques, cómo se propagan, qué consecuencias pueden tener y, lo más importante, cómo prevenirlos.

Hoy más que nunca, se espera que cualquier estudiante, trabajador o ciudadano conozca los principios básicos de ciberseguridad. No se trata únicamente de una competencia técnica, sino de una habilidad transversal imprescindible para evitar situaciones como:

▼ Robos de identidad digital.

▼ Pérdida de información importante.

▼ Infección de dispositivos personales o empresariales.

▼ Pérdidas económicas por fraudes en línea.

▼ Filtraciones de documentos confidenciales.

▼ Daños a la reputación personal o profesional.

Este capítulo pretende dotar al usuario de las herramientas conceptuales y prácticas necesarias para desenvolverse con seguridad en un entorno digital complejo, cambiante y cada vez más expuesto a amenazas. Con una redacción clara, ejemplos comprensibles y una estructura didáctica, este módulo permite adquirir hábitos sólidos de autoprotección, desarrollar criterio propio sobre riesgos digitales y aplicar estrategias eficaces de prevención y defensa.

Tras completar este módulo, el estudiante será capaz de:

▸ Identificar amenazas digitales y reconocer los principales tipos de malware.

▸ Comprender cómo proteger un dispositivo y una red local.

▸ Navegar en Internet con criterios de seguridad.

▸ Emplear herramientas de comunicación digital evitando riesgos.

▸ Gestionar datos y archivos sensibles de forma segura.

▸ Aplicar buenas prácticas en su vida académica, profesional y personal.

En un mundo cada vez más interconectado, la seguridad informática no es una opción: es una necesidad. Este módulo sienta las bases para que el usuario construya un comportamiento digital seguro y consciente, adaptándose a los retos actuales y preparándose para los que vendrán.

4.1 CONCEPTOS DE SEGURIDAD

La seguridad informática constituye uno de los pilares fundamentales del uso responsable y eficaz de la tecnología en el mundo actual. Tanto en el entorno doméstico como en el académico y empresarial, cada acción digital —navegar por Internet, enviar un correo electrónico, trabajar en la nube, usar un dispositivo móvil o almacenar información— implica riesgos potenciales. La seguridad no es simplemente un componente técnico limitado a especialistas; es una competencia esencial que cualquier usuario debe comprender y aplicar. En este apartado se abordan los conceptos esenciales que permiten al usuario conocer el marco general de la seguridad informática, sus principios básicos, las amenazas habituales y las medidas de prevención fundamentales.

4.1.1 Introducción a la seguridad informática

La seguridad informática puede definirse como el conjunto de técnicas, procedimientos, prácticas y herramientas destinadas a proteger los sistemas digitales, los datos que contienen y las comunicaciones que se realizan a través de ellos. Su objetivo principal es evitar accesos no autorizados, impedir daños a la información, garantizar el funcionamiento correcto de dispositivos y mantener la privacidad del usuario.

El crecimiento del uso de la tecnología —especialmente la nube, los teléfonos inteligentes, las redes sociales, las plataformas de colaboración y el teletrabajo— ha provocado que la seguridad ya no sea un ámbito especializado, sino una necesidad universal. Hoy, cualquier persona almacena una enorme cantidad de información sensible: fotografías, documentos personales, datos bancarios, correos, credenciales y registros de actividad. Un fallo de seguridad puede afectar gravemente no solo al dispositivo, sino también a la identidad digital del usuario.

a) **Objetivos fundamentales de la seguridad informática**

Los objetivos centrales son:

- **Proteger los dispositivos** frente a accesos no autorizados, malware y fallos de funcionamiento.

- **Proteger los datos**, evitando su robo, alteración o divulgación.

- **Garantizar la continuidad del servicio**, asegurando que sistemas y aplicaciones funcionen de forma estable.

- **Preservar la identidad del usuario**, evitando la suplantación y el uso fraudulento de cuentas.

- **Evitar pérdidas económicas o daños reputacionales**, especialmente en entornos empresariales.

b) **Relevancia en el contexto actual**

La expansión del uso de Internet ha generado un aumento proporcional en los ciberataques, que se ejecutan:

- Mediante páginas fraudulentas.
- A través de correos de phishing.
- Aprovechando vulnerabilidades del software.
- Mediante ingeniería social.
- Desde dispositivos IoT inseguros.

En consecuencia, una adecuada cultura de seguridad informática se ha vuelto imprescindible.

c) **Seguridad informática, ciberseguridad y protección de datos**

Aunque estos conceptos suelen mezclarse, existen diferencias claras:

- **Seguridad informática**: protección técnica de sistemas y dispositivos.

- **Ciberseguridad**: protección frente a ataques deliberados realizados desde la red.

- **Protección de datos**: cumplimiento legal y gestión correcta de la información personal, especialmente bajo el RGPD europeo.

La seguridad informática sirve como base para ambos campos.

4.1.2 Principios básicos de protección (Modelo CIA)

El modelo CIA es el pilar conceptual sobre el que se construyen todas las políticas de seguridad informática. Los tres principios —Confidencialidad, Integridad y Disponibilidad— actúan como guía para evaluar y proteger sistemas, datos y redes.

a) **Confidencialidad**

La confidencialidad consiste en garantizar que solo las personas autorizadas puedan acceder a los datos. Sin confidencialidad, la información se expone a robos, espionaje, manipulación o filtración pública.

Ejemplos:

- Archivos privados que solo el usuario debe ver.
- Documentos académicos o empresariales con información interna.
- Datos bancarios almacenados en el ordenador o móvil.
- Conversaciones de mensajería cifrada.

Medidas comunes:

- Contraseñas fuertes.
- Verificación en dos pasos.
- Cifrado de archivos.
- Control de permisos.
- Redes seguras.

b) **Integridad**

La integridad garantiza que la información no se ha alterado de forma accidental o malintencionada. Un dato modificado puede generar errores graves, desde cálculos incorrectos hasta decisiones equivocadas basadas en información alterada.

Ejemplos:

- Notas académicas modificadas sin autorización.
- Archivos de trabajo dañados por malware.
- Configuraciones del sistema alteradas.

Medidas comunes:

- Firmas digitales.
- Controles de versiones.
- Restricción de permisos de escritura.
- Antivirus y herramientas de detección.

c) **Disponibilidad**

La disponibilidad asegura que la información y los sistemas están accesibles cuando el usuario los necesita. Un sistema inaccesible es, en la práctica, inútil.

Amenazas a la disponibilidad:

- Ataques DDoS.
- Fallos de red.
- Cortes de energía.
- Ransomware que bloquea archivos.
- Errores de configuración.

Medidas comunes:

- Copias de seguridad.
- Servidores redundantes.
- Sistemas de energía ininterrumpida (SAI).
- Mantenimiento preventivo.

d) **Aplicación del modelo CIA en el día a día**

El modelo CIA permite evaluar situaciones comunes:

Ejemplo 1:

Un usuario guarda sus contraseñas en un archivo sin cifrar.

→ Se compromete la **confidencialidad**.

Ejemplo 2:

Un estudiante edita una hoja de cálculo sin permisos adecuados.

→ Riesgo de comprometer la **integridad**.

Ejemplo 3:

Un equipo empresarial no puede acceder a la nube porque la red falla.

→ Se altera la **disponibilidad**.

Comprender estos principios permite adoptar decisiones correctas en situaciones reales.

4.1.3 Amenazas informáticas más comunes

Las amenazas informáticas representan riesgos que pueden explotar vulnerabilidades del sistema, del usuario o de la red. Conocerlas es esencial para prevenirlas.

a) **Ataques externos**

Los atacantes pueden intentar manipular sistemas desde el exterior a través de:

- Escaneos automáticos de puertos.
- Intrusiones en redes Wi-Fi inseguras.
- Atajos técnicos en plataformas obsoletas.
- Ataques de fuerza bruta contra contraseñas.
- Bots que intentan acceder a cuentas.

Su objetivo suele ser obtener datos, instalar malware o controlar dispositivos.

b) **Errores humanos**

El usuario es a menudo el eslabón más débil. Entre los errores más frecuentes:

- Usar contraseñas débiles o repetidas.
- Instalar programas sin revisar su origen.
- Entregar datos personales en páginas fraudulentas.
- Conectar USBs desconocidos.
- No actualizar el sistema operativo.

Los atacantes suelen aprovechar estos descuidos mediante ingeniería social.

c) **Vulnerabilidades del software**

El software puede tener fallos de programación que permiten:

- Ejecutar código malicioso.
- Escalar privilegios dentro del sistema.
- Robar datos almacenados.

Por ello los desarrolladores publican "parches de seguridad" que deben instalarse cuanto antes.

d) **Fallos de configuración**

Una configuración incorrecta puede abrir la puerta a ataques incluso sin malware.

Ejemplos:

- Router sin contraseña.
- Aplicaciones con permisos excesivos.
- Carpetas compartidas sin control de acceso.
- Firewalls desactivados.

La buena configuración es una medida tan importante como un antivirus.

4.1.4 Medidas de prevención y buenas prácticas

La prevención es la herramienta más eficaz contra incidentes de seguridad. Incluso la tecnología más avanzada falla si el usuario no dispone de hábitos adecuados.

a) **Actualizaciones constantes**

Actualizar:

- Sistema operativo.
- Aplicaciones.
- Navegadores.
- Antivirus.

Las actualizaciones corrigen vulnerabilidades detectadas. Ignorarlas deja expuesto el dispositivo.

b) **Autenticación segura**

La protección de cuentas exige:

- Contraseñas largas y complejas.
- No repetir contraseñas en distintos servicios.
- Usar gestores de contraseñas.
- Activar autenticación en dos pasos.

Ejemplo:

Un usuario que activa 2FA en su correo reduce casi totalmente el riesgo de intrusión por contraseña robada.

c) **Mínima exposición**

Principio que recomienda conceder **el mínimo nivel de acceso necesario**.

Aplicación práctica:

- No dar permisos de administrador a usuarios no expertos.
- No almacenar información sensible en dispositivos compartidos.
- No compartir archivos sin establecer permisos correctos.

d) **Navegación y descargas seguras**

Recomendaciones:

- Evitar sitios no cifrados (sin HTTPS).
- No descargar archivos desde enlaces desconocidos.
- Verificar la fuente de instaladores.
- No hacer clic en ventanas emergentes que ofrezcan premios milagrosos.

e) **Protección del dispositivo físico**

- Usar bloqueo automático.
- Evitar dejar el móvil o portátil sin supervisión.
- No conectar USB de origen desconocido.
- Proteger datos mediante cifrado.

f) **Cultura de la seguridad**

La seguridad informática no es un acto puntual, sino un hábito.

Recomendaciones:

- Revisar permisos de aplicaciones.
- Mantener ordenados los archivos.
- Verificar direcciones de correo sospechosas.
- Pensar antes de compartir información.

4.2 MALWARE

El malware constituye una de las amenazas más extendidas y peligrosas del entorno digital. Su presencia afecta a usuarios particulares, estudiantes, empresas, instituciones públicas y organizaciones de todos los tamaños. Comprender qué es el malware, cómo funciona, cuáles son sus tipos principales, cómo se propaga y qué medidas permiten prevenirlo es esencial para utilizar la tecnología de manera segura y responsable.

El avance de la conectividad —Wi-Fi doméstica, dispositivos móviles, sincronización en la nube, trabajo colaborativo, teletrabajo, redes sociales— ha multiplicado los vectores de ataque. Hoy cualquier dispositivo con acceso a Internet es susceptible de infección: ordenadores, teléfonos, tablets, routers, televisores inteligentes, consolas, relojes digitales e incluso electrodomésticos conectados.

Este apartado analiza el fenómeno del malware desde una perspectiva formativa, permitiendo al lector identificar riesgos, reconocer señales de infección, adoptar medidas preventivas y aplicar estrategias de respuesta ante incidentes.

4.2.1 Concepto y características del software malicioso

El término malware proviene de la unión de "malicious software" y se refiere a cualquier programa diseñado para infiltrarse, dañar, alterar o tomar el control de un sistema informático sin el consentimiento del usuario.

A diferencia del software legítimo —cuyo propósito es ayudar al usuario o mejorar sus capacidades—, el malware se desarrolla con intenciones que pueden ir desde robar información hasta secuestrar archivos, controlar dispositivos a distancia o utilizar recursos del sistema para actividades ilícitas.

a) **Características fundamentales del malware**

Aunque existen muchos tipos, la mayoría de piezas de malware comparten características comunes:

1. **Ocultación**

   El malware intenta evitar su detección escondiéndose en el sistema:
   - Archivos disfrazados de programas legítimos.
   - Procesos ocultos en el administrador de tareas.
   - Código camuflado en documentos aparentemente inofensivos.

2. **Persistencia**

   Busca permanecer en el sistema incluso tras reinicios:
   - Modificando el registro de Windows.
   - Aprovechando vulnerabilidades del sistema.
   - Instalándose en carpetas que se cargan al inicio.

3. **Propagación**

   Mucho malware se replica automáticamente para infectar más dispositivos:
   - Por correo electrónico.
   - Por redes locales.
   - Por sitios web comprometidos.
   - Por dispositivos USB infectados.

4. **Automatización**

   La mayoría de malware opera sin intervención humana, ejecutando instrucciones preprogramadas.

5. **Daño directo o indirecto**

   El daño puede ser inmediato (borrado de datos) o diferido (espionaje silencioso durante meses).

b) **Objetivos del malware**

El malware persigue distintos fines según el tipo y su creador. Entre los objetivos más comunes destacan:

- **Robo de datos personales**: contraseñas, cuentas bancarias, fotos, documentos.

- **Control del dispositivo**: uso del equipo como parte de una botnet.

- **Secuestro de información**: encriptar archivos para pedir un rescate económico.

- **Espionaje**: monitoreo de actividades del usuario.

- **Manipulación de datos**: alterar archivos o configuraciones.

- **Publicidad fraudulenta**: generar ingresos para el atacante.

c) **Efectos sobre equipos y redes**

Un sistema infectado puede experimentar:

- Lentitud repentina.
- Programas que se cierran solos.
- Errores constantes.
- Ventanas emergentes.
- Consumo inesperado de datos.
- Bloqueo de archivos.
- Calentamiento excesivo del equipo.

En entornos empresariales, los efectos suelen ser más graves:

- Pérdida masiva de información.
- Paralización del servicio.
- Robo o filtración de datos sensibles.
- Pérdida económica significativa.
- Daño reputacional.

4.2.2 Tipos principales de malware

El malware no es un único tipo de programa, sino una familia amplia de amenazas con comportamientos y objetivos diversos. Conocer sus diferencias es crucial para identificar riesgos y tomar medidas adecuadas.

a) **Virus**

Los virus son programas que se adhieren a archivos ejecutables o documentos y se activan cuando el usuario los abre. Requieren intervención humana para propagarse.

Ejemplo:

Un virus que infecta documentos de Word y replica el código malicioso cada vez que el archivo se comparte.

b) **Gusanos (worms)**

A diferencia de los virus, los gusanos se propagan automáticamente sin necesidad de que el usuario abra archivos.

- Se extienden por redes locales.
- Explotan vulnerabilidades del sistema.
- Consumen ancho de banda y recursos.

WannaCry, que infectó miles de empresas en 2017 aprovechando vulnerabilidades de Windows.

c) **Troyanos**

Se ocultan dentro de programas que parecen legítimos. Una vez ejecutados, abren puertas traseras para que el atacante controle el dispositivo.

Ejemplos de troyanos:

- Falsos instaladores de videojuegos.
- Aplicaciones móviles fraudulentas.
- Programas pirata descargados desde páginas inseguras.

d) **Ransomware**

Es uno de los malware más peligrosos. Cifra los archivos del usuario y exige un pago para recuperarlos.

Características:

- Bloquea el acceso a información crítica.
- A menudo se distribuye por correo electrónico.
- Puede propagarse rápidamente por redes corporativas.

El ransomware Ryuk paralizó hospitales y ayuntamientos en varios países.

e) **Spyware**

Su objetivo es espiar al usuario sin ser detectado:
- Registra teclas pulsadas.
- Captura historial de navegación.
- Monitorea el uso de aplicaciones.
- Roba contraseñas.

f) **Adware**

Muestra publicidad invasiva y redirige al usuario a sitios no deseados. A menudo viene incluido en instaladores gratuitos.

Efectos:
- Reducción del rendimiento.
- Consumo de datos.
- Riesgo de descargar más malware.

g) **Rootkits**

Son programas diseñados para ocultar procesos maliciosos modificando el sistema operativo.

Son difíciles de detectar y permiten al atacante tener control total del dispositivo.

4.2.3 Métodos de propagación

El malware utiliza multitud de vías para infectar equipos y expandirse. Entender estos mecanismos permite prevenir gran parte de las infecciones.

a) **Correos fraudulentos**

El phishing es uno de los métodos más habituales. Consiste en enviar correos que parecen legítimos para engañar al usuario y hacer que abra archivos o haga clic en enlaces peligrosos.

Signos de advertencia:
- Remitentes desconocidos.
- Urgencia injustificada.
- Archivos adjuntos sospechosos (ZIP, EXE, DOCM).

b) **Descargas inseguras**

Sitios web no confiables pueden ofrecer:

- Aplicaciones modificadas.
- Software pirata con malware incluido.
- Falsos programas de seguridad.

c) **Redes Wi-Fi inseguras**

Las redes públicas permiten interceptar información o realizar ataques "man-in-the-middle".

Al conectarse a ellas:

- Evitar acceder a cuentas bancarias.
- No descargar archivos sensibles.
- Utilizar VPN si es posible.

d) **Dispositivos externos infectados**

Los USB son una fuente común de infecciones:

- Archivos ejecutables escondidos.
- Malware que se ejecuta automáticamente.

Por ello, es recomendable no conectar dispositivos desconocidos.

e) **Vulnerabilidades del sistema**

Mucho malware aprovecha:

- Sistemas operativos sin actualizar.
- Parches de seguridad pendientes.
- Aplicaciones obsoletas.

El caso WannaCry ocurrió por fallos no corregidos en equipos Windows.

4.2.4 Estrategias de protección y eliminación

La mejor defensa contra el malware es una combinación de **prevención, herramientas adecuadas y buenas prácticas del usuario**. Ningún sistema está libre de riesgos, pero sí es posible reducir enormemente la probabilidad de infección.

a) **Sistemas antivirus y antimalware**

Un buen antivirus debe:

- Detectar amenazas conocidas.
- Analizar comportamiento sospechoso.
- Escanear archivos descargados.
- Realizar análisis periódicos.
- Proteger el sistema en tiempo real.

Ejemplos de herramientas:

- Windows Defender (integrado).
- Avast.
- Bitdefender.
- Malwarebytes.

b) **Firewalls**

El firewall actúa como una barrera entre el dispositivo y la red.

Permite:

- Bloquear conexiones sospechosas.
- Controlar qué programas pueden acceder a Internet.
- Evitar intrusiones externas.

Los routers también incluyen firewalls básicos.

c) **Actualización de parches**

Los fabricantes publican parches para corregir vulnerabilidades.

Ignorarlos deja el sistema expuesto.

Se recomienda:

- Activar actualizaciones automáticas.
- Actualizar navegadores y complementos.
- Revisar apps móviles obsoletas.

d) **Navegación segura**

Medidas clave:

- Comprobar que el sitio use HTTPS.
- Evitar enlaces sospechosos.
- No descargar archivos sin verificar.
- Usar buscadores fiables (Google, DuckDuckGo).

e) **Entornos seguros**

Para minimizar daños:

- No trabajar desde cuentas con permisos de administrador.
- No instalar software de fuentes dudosas.
- Utilizar máquinas virtuales para probar archivos.

f) **Eliminación de malware detectado**

Cuando un antivirus detecta malware:

- Aísla el archivo.
- Permite eliminarlo o ponerlo en cuarentena.
- Solicita reiniciar el sistema.

En casos graves:

- Hay que restaurar el sistema desde un punto anterior.
- A veces, se requiere formatear el equipo.

g) **Copias de seguridad**

Especialmente útiles ante ransomware.

Recomendaciones:

- Copias automáticas semanales.
- Copias en la nube y en disco externo.
- No conectar el disco externo al equipo de forma permanente.

El malware constituye uno de los mayores riesgos informáticos en la actualidad. Su capacidad para infiltrarse, propagarse y causar daño ha evolucionado de manera significativa, haciendo necesario que cualquier usuario —independientemente de su perfil— comprenda cómo funciona, qué formas adopta, cómo se distribuye y qué prácticas permiten prevenirlo.

Este apartado proporciona una base sólida para identificar amenazas, adoptar medidas de seguridad adecuadas y reaccionar eficazmente ante incidentes. La combinación de conocimiento técnico, hábitos de prevención y herramientas de protección constituye la defensa más eficaz frente al malware. Estos conceptos servirán como fundamento para los apartados siguientes, dedicados a la **seguridad en redes**, el **uso seguro de la Web** y la **gestión de datos sensibles**.

4.3 SEGURIDAD DE LA RED

La seguridad de la red constituye uno de los componentes más importantes dentro del ámbito de la seguridad informática. Todas las actividades que realizamos en Internet —navegar, consultar el correo electrónico, usar aplicaciones en la nube, participar en videollamadas, compartir archivos, realizar transacciones bancarias o conectarnos a redes sociales— dependen de la red como vía de transmisión de información. A diferencia del almacenamiento local, que depende únicamente del dispositivo, la red es un entorno compartido, dinámico y en constante flujo de datos. Esto la convierte en un objetivo habitual para ataques, intrusiones y técnicas de interceptación.

Una red insegura puede suponer una grave amenaza, incluso aunque los dispositivos estén protegidos. Por ello, la seguridad de la red combina medidas técnicas, configuraciones correctas, buenas prácticas de uso y una comprensión clara de cómo viajan los datos. Este apartado analiza los fundamentos de las redes, los principales protocolos de seguridad, las medidas adaptadas al entorno doméstico y las prácticas requeridas en un entorno profesional o corporativo.

4.3.1 Fundamentos de seguridad en redes

Una red informática es un conjunto de dispositivos conectados entre sí para compartir datos, recursos y servicios. Esta conexión puede realizarse mediante cable (Ethernet) o de forma inalámbrica (Wi-Fi). Independientemente del tipo de red, todos los dispositivos que participan en ella están expuestos a riesgos si el entorno no está protegido.

a) **Conceptos esenciales de una red**

Antes de entender cómo asegurar una red, es fundamental comprender algunos conceptos básicos:

1. **Host o dispositivo**
   Cualquier aparato conectado: ordenador, móvil, tablet, impresora, cámara IP, televisor inteligente, etc.

2. **Router**
   El dispositivo que gestiona el tráfico entre la red interna y la red externa (Internet). La seguridad del router es esencial, ya que es la puerta principal.

3. **Dirección IP**
   Identificador que permite que los dispositivos se comuniquen.

4. **Canal de comunicación**

El medio físico o inalámbrico por el cual viajan los datos.

5. **Puerto**

Punto lógico utilizado para diferentes servicios, como correo, navegador, videollamadas, etc.

La seguridad de la red consiste en proteger cada uno de estos elementos para evitar accesos no autorizados, manipulación de datos o interrupciones del servicio.

b) **Principales amenazas en una red**

Las amenazas más frecuentes a las que se enfrentan las redes son:

- Accesos no autorizados: ataques que buscan entrar en la red sin permiso.
- Intercepción de datos: espías que capturan información que viaja sin cifrar.
- Manipulación del tráfico: alteración de paquetes con intención maliciosa.
- Ataques "man-in-the-middle": el atacante se sitúa entre el usuario e Internet.
- Secuestro de sesión: robo de sesiones cuando el usuario entra a un servicio sin seguridad.
- Escaneos de puertos: tentativa de localizar puntos vulnerables.
- Intrusiones desde dispositivos comprometidos: un móvil infectado puede contagiar a otros equipos de la red.

Comprender estos riesgos permite desarrollar medidas de prevención más efectivas.

c) **Puntos de vulnerabilidad más comunes**

Las redes suelen ser vulnerables en:
- Routers mal configurados.
- Contraseñas simples o por defecto.
- Wi-Fi abierto sin cifrado.
- Protocolos antiguos como WEP.
- Dispositivos IoT desactualizados.
- Falta de firewall o reglas incorrectas.
- Acceso remoto no seguro.

Muchas de estas vulnerabilidades se evitan mediante configuraciones iniciales muy sencillas.

4.3.2 Protocolos de conexión segura

Para proteger los datos que viajan por la red, existen protocolos diseñados específicamente para garantizar la confidencialidad, integridad y autenticación. Conocerlos permite comprender cuándo una conexión es segura y cuándo no.

a) **HTTPS**

HTTPS es la versión segura de HTTP. Utiliza cifrado para proteger los datos que se envían desde el navegador a un servidor web.

¿Por qué es importante?

- Protege contraseñas y datos personales.
- Evita que terceros intercepten información.
- Asegura que el usuario se conecta al sitio auténtico.

Cómo identificarlo

- Barra del navegador con candado.
- URL que comienza con "https://".

b) **SSL/TLS**

SSL y especialmente su sucesor TLS son protocolos de cifrado que garantizan la comunicación segura entre dispositivos.

Funciones principales

- Autenticación entre cliente y servidor.
- Establecimiento de canal cifrado.
- Integridad del contenido.

TLS está presente en casi todos los servicios modernos: correo, banca online, tiendas, videollamadas, etc.

c) **VPN (Red Privada Virtual)**

Una VPN crea un túnel cifrado entre el usuario e Internet. Es fundamental cuando se utiliza una red pública o insegura.

Ventajas

- Evita que otros usuarios de la red vean el tráfico.
- Protege la identidad del usuario.
- Permite acceder de forma segura a recursos internos de una empresa.

Usos frecuentes

- Teletrabajo.
- Conexión en hoteles, aeropuertos o cafeterías.
- Acceso a servidores internos.

d) **Cifrado de Wi-Fi y WPA3**

WPA3 es el estándar más seguro para proteger las redes inalámbricas domésticas y profesionales.

Características clave

- Protección frente a ataques de fuerza bruta.
- Cifrado más robusto.
- Seguridad mejorada incluso con contraseñas débiles.

Los estándares antiguos como WEP o WPA deben evitarse en cualquier circunstancia.

4.3.3 Protección de redes domésticas

La red doméstica es el entorno donde la mayoría de los usuarios trabaja, estudia, navega o utiliza servicios digitales. Sin embargo, también suele ser un entorno poco protegido debido a errores comunes: routers mal configurados, contraseñas débiles, ausencia de actualizaciones y dispositivos inseguros conectados a la red.

a) **Configuración segura del router**

El router es el centro de la red doméstica. Asegurarlo es prioritario.

Medidas recomendadas

- Cambiar la contraseña de administración.
- Desactivar WPS.
- Actualizar el firmware del router.
- Cambiar el nombre de la red para que no identifique modelo o marca.
- Activar cifrado WPA3.
- Desactivar funciones innecesarias (UPnP, acceso remoto).

b) **Contraseñas robustas para la Wi-Fi**

Una contraseña débil permite que cualquiera acceda a la red, consuma recursos o espíe el tráfico.

Consejos:

- Usar frases completas o combinaciones complejas.
- Evitar nombres personales, fechas o palabras comunes.
- No compartirla verbalmente con desconocidos.

c) **Segmentación de dispositivos**

La segmentación consiste en separar dispositivos en redes independientes. En una casa moderna puede haber:

- Móviles y ordenadores.
- Televisores inteligentes.
- Cámaras y dispositivos IoT.
- Consolas de videojuegos.

Si un dispositivo IoT barato es atacado, es mejor que no tenga acceso a los ordenadores principales.

Muchos routers permiten crear una "red de invitados", especialmente útil para este propósito.

d) **Uso de redes de invitados**

Una red de invitados permite que visitantes usen Internet sin acceder a los dispositivos personales.

Ventajas:

- Evita accesos no deseados.
- Reduce el riesgo de que un dispositivo infectado afecte a la red interna.
- Útil para invitados, trabajadores puntuales o dispositivos temporales.

e) **Control de dispositivos conectados**

Es fundamental revisar periódicamente qué dispositivos están conectados a la red.

- El router tiene una lista de dispositivos conectados.
- Si aparece algún dispositivo desconocido, se debe cambiar la contraseña de la Wi-Fi.

f) **Recomendaciones en la red doméstica**

- Mantener todos los dispositivos actualizados.
- Evitar instalar aplicaciones sospechosas.
- No conectar USB desconocidos.
- Usar VPN cuando se accede a información sensible.
- Revisar periódicamente los ajustes del router.

4.3.4 Seguridad en redes corporativas

Las redes corporativas son infraestructuras más complejas, que conectan servidores, ordenadores, sistemas en la nube, aplicaciones internas y dispositivos de múltiples departamentos. Un incidente de seguridad puede tener consecuencias graves: fuga de datos, paralización de la actividad, daños económicos y pérdida de reputación.

Por ello, la seguridad en redes corporativas requiere estrategias más avanzadas, políticas claras y herramientas profesionales de monitorización.

a) **Firewalls avanzados**

Los firewalls corporativos permiten:

- Filtrar tráfico por reglas detalladas.
- Crear zonas de seguridad (DMZ).
- Bloquear intentos de intrusión.
- Registrar eventos sospechosos.

Los firewalls son la primera línea de defensa antes de que el tráfico entre en la red interna.

b) **Gestión de accesos (Control de identidad)**

Uno de los principios más importantes en redes corporativas es el **principio de mínimo privilegio.**

Esto implica:

- Cada usuario solo accede a lo estrictamente necesario.
- Los permisos se asignan según rol: administración, logística, contabilidad, etc.
- Los accesos deben revisarse periódicamente.

Si una cuenta con privilegios es comprometida, el atacante obtiene control completo.

c) **Monitorización del tráfico**

La monitorización permite detectar actividades anómalas como:
- Picos de tráfico inesperados.
- Conexiones a direcciones sospechosas.
- Descargas masivas de datos.
- Accesos repetidos desde países inusuales.

Los sistemas SIEM (Security Information and Event Management) son muy utilizados para este propósito.

d) **Políticas de red empresarial**

Toda organización debe contar con políticas documentadas que definan:
- Uso aceptable de la red.
- Normas de contraseñas.
- Proceso de creación y eliminación de cuentas de usuario.
- Control de dispositivos externos.
- Uso de almacenamiento en la nube.
- Procedimientos ante incidentes de seguridad.

Estas políticas garantizan un comportamiento seguro y homogéneo de todos los empleados.

e) **Seguridad del teletrabajo**

En la actualidad, muchos empleados trabajan de forma remota. Esto introduce nuevos riesgos.

Recomendaciones:

- Uso obligatorio de VPN.
- Acceso mediante autenticación multifactor.
- Prohibición de usar equipos personales no autorizados.
- Cifrado del disco duro.
- Evitar redes Wi-Fi públicas.

f) **Copias de seguridad corporativas**

En el entorno empresarial, perder información puede ser crítico. Por ello se implementan:

- Copias automáticas en servidores.
- Sistemas de recuperación rápida.
- Versionado de archivos.
- Copias en la nube cifrada.

La seguridad de la red es un componente esencial para garantizar un uso seguro de la tecnología en cualquier ámbito. Desde el hogar hasta las grandes corporaciones, las redes son la vía que utilizan los datos para viajar, y por ello representan uno de los objetivos principales para los atacantes. Este apartado ha desarrollado los fundamentos de la seguridad en redes, los protocolos más importantes, las prácticas recomendadas para proteger redes domésticas y las medidas avanzadas necesarias en entornos profesionales.

Con estos conocimientos, el usuario está preparado para enfrentarse al próximo apartado: **el uso seguro de la Web (4.4)**, donde se analizará cómo navegar de manera consciente, identificar páginas fraudulentas, evitar ataques de phishing y utilizar herramientas para reforzar la seguridad durante la navegación.

4.4 USO SEGURO DE LA WEB

La Web es uno de los espacios más utilizados en la vida digital. Estudiar, trabajar, comprar, comunicarse, informarse, gestionar trámites o acceder a bancos y plataformas educativas: casi todas las actividades cotidianas dependen hoy de la navegación por Internet. Esta ubicuidad convierte a la Web en un entorno extremadamente valioso, pero también expuesto a numerosas amenazas que buscan engañar al usuario, robar información o comprometer dispositivos.

El uso seguro de la Web incluye un conjunto de hábitos, conocimientos y herramientas que permiten al usuario navegar con responsabilidad, identificar riesgos, evaluar páginas sospechosas, reconocer intentos de fraude y proteger sus datos personales. Este apartado ofrece una visión integral de los riesgos asociados a Internet, las prácticas recomendadas para navegar de forma segura y las herramientas disponibles para reforzar la seguridad del usuario en línea.

4.4.1 Riesgos asociados a la navegación

Navegar por Internet implica exponerse a una amplia variedad de amenazas, muchas de las cuales aprovechan la falta de atención, la urgencia o la curiosidad del usuario. Estos riesgos afectan tanto a la privacidad como a la integridad del sistema y la seguridad de los datos.

a) **Páginas fraudulentas**

Las páginas fraudulentas están diseñadas para imitar sitios legítimos con el objetivo de engañar al usuario. Pueden parecer páginas bancarias, tiendas online, correos corporativos o servicios muy conocidos.

Características típicas:

- Logos similares a los reales.
- Colores idénticos a la marca original.
- Formularios que solicitan contraseñas, datos bancarios o información personal.
- URLs casi idénticas a las auténticas, pero con pequeñas modificaciones.

Estas páginas son el principal vehículo del **phishing**, un ataque muy extendido.

b) **Ataques de phishing**

El phishing consiste en engañar al usuario mediante correos electrónicos, mensajes o anuncios que parecen auténticos. Su objetivo es que la víctima:

- Haga clic en un enlace malicioso.
- Descargue un archivo infectado.
- Entregue su contraseña o tarjeta bancaria.

Ejemplo:

Un mensaje que afirma ser del banco indicando un acceso sospechoso y pidiendo verificar la cuenta.

c) **Publicidad engañosa y "malvertising"**

El malvertising utiliza anuncios aparentemente normales que:

- Redirigen a páginas infectadas.
- Descargan malware.
- Muestran alertas falsas del sistema.
- Instalan barras de herramientas o programas indeseados.

Los sitios con publicidad invasiva son especialmente peligrosos.

d) **Pérdida de privacidad y rastreo web**

Cada sitio que visita el usuario puede:

- Registrar la actividad de navegación.
- Crear perfiles basados en intereses.
- Instalar cookies de terceros.
- Recoger datos como ubicación, modelo de dispositivo o hábitos de compra.

Este seguimiento afecta a la privacidad y puede utilizarse con fines comerciales o maliciosos.

e) **Robo de credenciales**

Una de las amenazas más graves consiste en capturar contraseñas mediante:

- Formularios falsos.
- Keyloggers instalados en el dispositivo.
- Ataques en redes inseguras.
- Extensiones de navegador maliciosas.

Acceder sin protección a sitios sensibles en redes públicas aumenta este riesgo.

f) **Descargas peligrosas**

Muchos programas gratuitos, vídeos, juegos o documentos provienen de fuentes no verificadas. Las descargas peligrosas pueden incluir:

- Malware escondido en instaladores.
- Archivos ZIP con scripts maliciosos.
- Versiones pirata de programas que incluyen troyanos.

g) **Enlaces manipulados**

Los atacantes usan enlaces acortados, URLs engañosas o direcciones muy parecidas a las reales para despistar al usuario.

Si un enlace redirige al usuario sin explicación, debe considerarse sospechoso.

4.4.2 Prácticas de navegación segura

Navegar de forma segura no requiere conocimientos avanzados, sino hábitos sencillos y consistentes. Las siguientes prácticas ayudan a minimizar riesgos, proteger la privacidad y evitar incidentes de seguridad.

a) **Comprobar el uso de HTTPS**

HTTPS garantiza que la información entre el navegador y el sitio web viaja cifrada.

Para comprobarlo:
- Buscar el candado en la barra del navegador.
- Verificar que la URL comience por "https://".
- Consultar la información del certificado si se duda de la autenticidad del sitio.

Si un sitio maneja datos sensibles y no usa HTTPS, no debe confiarse en él.

b) **Evitar sitios sin reputación o con advertencias**

Los navegadores modernos muestran avisos si detectan:
- Certificados caducados.
- Redirecciones sospechosas.
- Sitios con historial de ataques.
- Páginas peligrosas o engañosas.

El usuario debe atender estos avisos y no ignorarlos.

c) **Bloquear ventanas emergentes y scripts sospechosos**

Muchos ataques se producen mediante pop-ups o scripts activos.

Es recomendable:
- Activar el bloqueador de ventanas emergentes.
- Desactivar la ejecución automática de scripts peligrosos.
- Evitar permitir notificaciones de sitios desconocidos.

d) **Usar buscadores fiables**

Plataformas como Google o DuckDuckGo filtran gran parte de contenido fraudulento.

Es más seguro buscar un sitio desde un buscador que teclear la URL manualmente, ya que evita errores que puedan llevar a páginas falsas.

e) **Revisar la política de privacidad de los sitios web**

Aunque muchos usuarios lo pasan por alto, la política de privacidad indica:

- Qué datos se recopilan.
- Cómo se almacenan.
- Si se comparten con terceros.
- Qué derechos tiene el usuario sobre su información.

Un sitio que no ofrece esta información suele ser poco confiable.

f) **Navegar en modo privado cuando sea necesario**

El modo privado no hace al usuario invisible en Internet, pero sí evita:

- Que se guarde historial.
- Que se almacenen cookies.
- Que otras personas vean la actividad local.

Es útil para ordenadores compartidos.

g) **No introducir datos sensibles en redes públicas**

Las redes públicas (aeropuertos, cafeterías, hoteles) son especialmente inseguras.

Nunca deben usarse para:

- Introducir contraseñas.
- Acceder a banca online.
- Realizar compras.

Si es imprescindible, debe utilizarse una VPN.

4.4.3 Reconocimiento de páginas sospechosas

Aprender a identificar páginas peligrosas es una habilidad esencial en el uso seguro de la Web. Aunque algunas son muy sofisticadas, la mayoría presenta señales de advertencia claras.

a) **URLs extrañas o manipuladas**

Los atacantes usan:

- Sustituciones de letras: "g00gle.com".
- Dominios muy largos.
- Extensiones poco comunes.
- Direcciones con subdominios engañosos, como "banco.seguro-login.com".

Cualquier URL que parezca alterada debe tratarse con desconfianza.

b) **Errores ortográficos o de traducción**

Las páginas fraudulentas suelen estar mal redactadas:

- Gramática deficiente.
- Traducciones automáticas.
- Palabras sin sentido.
- Inconsistencias visuales.

Los sitios legítimos cuidan su presentación.

c) **Ausencia de información legal**

Un sitio confiable debe incluir:

- Información de contacto.
- Dirección física.
- Aviso legal o política de privacidad.
- Identidad de la entidad responsable.

La ausencia de estos datos es un indicio negativo.

d) **Comportamientos anómalos del sitio**

Los síntomas de fraude incluyen:

- Redirecciones inesperadas.
- Solicitudes urgentes o amenazas.
- Formularios que aparecen sin explicación.
- Publicidad agresiva.
- Archivos que se descargan automáticamente.

e) **Solicitud de datos innecesarios**

Cualquier sitio que pida:

- Número de tarjeta sin motivo.

- Contraseña de correo.
- DNI o pasaporte sin contexto.
- Preguntas personales excesivas.

Debe considerarse peligroso.

4.4.4 Herramientas para mejorar la seguridad en la Web

Además de las buenas prácticas, existen herramientas diseñadas para reforzar la navegación y facilitar la detección de problemas de seguridad.

a) **Extensiones del navegador**

Existen extensiones muy útiles para:

- Bloquear rastreadores.
- Evitar seguimiento publicitario.
- Forzar el uso de HTTPS.
- Identificar páginas peligrosas.

Ejemplos:

- uBlock Origin.
- HTTPS Everywhere.
- Privacy Badger.

b) **Gestores de contraseñas**

Un gestor de contraseñas permite:

- Generar contraseñas complejas.
- Guardarlas cifradas.
- Autocompletarlas sin exponerlas a phishing.
- Evitar repetir contraseñas en distintos sitios.

Ejemplos comunes:

- Bitwarden.
- LastPass.
- 1Password.

c) **Navegadores centrados en la privacidad**

Algunos navegadores ofrecen configuraciones avanzadas para proteger al usuario:

- Brave: bloquea rastreadores automáticamente.
- Firefox: permite control granular de cookies y scripts.

● Tor Browser: anonimato extremo para casos muy específicos.

d) **Sistemas de protección contra phishing**

Los navegadores actuales integran listas negras actualizadas de sitios fraudulentos.

Además:

● Google Safe Browsing.
● Microsoft SmartScreen.

Estas herramientas alertan al usuario antes de acceder a un sitio comprometido.

e) **Antivirus con análisis web**

Muchos antivirus incluyen módulos de protección web que:

● Analizan enlaces.
● Bloquean páginas maliciosas.
● Detienen descargas peligrosas.
● Detectan intentos de inyección de scripts.

Esto añade una capa adicional de seguridad durante la navegación.

El uso seguro de la Web es una competencia imprescindible en el mundo digital actual. La navegación diaria expone al usuario a páginas fraudulentas, ataques de phishing, publicidad engañosa, descargas maliciosas y riesgos de privacidad. Sin embargo, adoptar buenas prácticas, identificar señales de alerta y utilizar herramientas adecuadas permite reducir significativamente las amenazas.

Este apartado ha presentado los riesgos más comunes, las claves para una navegación segura, las características que permiten reconocer páginas sospechosas y las principales herramientas para reforzar la seguridad durante el uso de la Web. Con este conocimiento, el usuario está preparado para abordar la siguiente sección, dedicada a la **seguridad en las comunicaciones digitales (4.5)**, donde se profundiza en el cifrado, las técnicas de mensajería segura y la prevención de suplantaciones.

4.5 COMUNICACIONES

La comunicación digital es una parte esencial de la vida moderna. Cada día enviamos mensajes a través de correo electrónico, aplicaciones móviles, redes sociales, plataformas de trabajo colaborativo y servicios en la nube. Estos intercambios pueden contener información personal, documentos de trabajo, datos sensibles, contraseñas o archivos privados. Por ello, garantizar la seguridad de la comunicación se ha convertido en un componente fundamental de la seguridad informática.

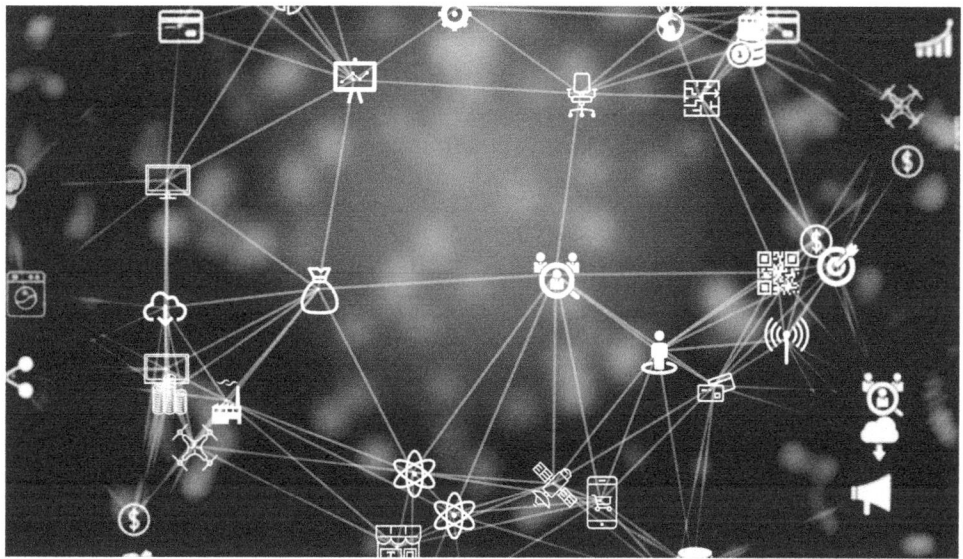

A diferencia de la comunicación presencial, donde la información fluye directamente entre personas, la comunicación digital se transmite por redes públicas y privadas, servidores remotos y una infraestructura global que puede ser interceptada, manipulada o alterada. Este apartado analiza los riesgos de la comunicación digital, explica los fundamentos del cifrado, ofrece pautas sobre mensajería y correo seguro, y detalla las técnicas más comunes para prevenir la suplantación de identidad.

4.5.1 Seguridad en la comunicación digital

La seguridad en la comunicación digital se centra en proteger los mensajes y datos que se transmiten a través de Internet. Esto incluye garantizar que la información:

- ⊮ Llega al destinatario correcto.
- ⊮ No es interceptada por terceros.
- ⊮ No se altera durante el proceso.

▼ Procede de una fuente auténtica.

Para lograrlo, se emplean herramientas técnicas como el cifrado, sistemas de autenticación, protocolos de seguridad y buenas prácticas de uso.

a) **Riesgos en la comunicación digital**

Ningún medio de comunicación digital está libre de riesgos. Entre los más frecuentes destacan:

1. **Interceptación de mensajes**
   Los datos que viajan sin cifrar pueden ser capturados mediante herramientas especializadas.

   Ocurre especialmente en:
   – Redes Wi-Fi públicas.
   – Conexiones no cifradas (HTTP).
   – Servicios antiguos o mal configurados.

2. **Manipulación o alteración**
   Un tercero puede modificar el contenido de un mensaje antes de que llegue al destinatario.
   Este ataque se conoce como *man-in-the-middle*.

3. **Suplantación de identidad**
   Un atacante puede:
   – Enviar mensajes haciéndose pasar por otra persona.
   – Enviar correos desde direcciones aparentemente válidas.
   – Falsificar perfiles en redes sociales.

4. **Robo de credenciales**
   Los mensajes pueden incluir enlaces falsos que solicitan usuario y contraseña.
   Es el método más común para robar cuentas de correo, redes sociales o bancos.

5. **Exfiltración de datos**
   En entornos profesionales, los atacantes pueden robar información confidencial interceptando comunicaciones entre empleados.

b) **Importancia de la protección de la comunicación**

Proteger la comunicación no solo es importante para evitar ataques técnicos, sino también para:

• Proteger la privacidad del usuario.

- Asegurar información sensible (datos médicos, financieros, académicos).

- Mantener la integridad de conversaciones profesionales.

- Cumplir leyes como el RGPD, que exige medidas de seguridad adecuadas.

Además, en un mundo donde el teletrabajo es habitual, la seguridad de las comunicaciones garantiza que la información corporativa no llegue a personas no autorizadas.

4.5.2 Cifrado básico

El cifrado es la herramienta principal para proteger la comunicación digital. Consiste en transformar los datos en un formato ilegible para cualquier persona que no tenga la clave adecuada para descifrarlos.

a) **Cifrado simétrico y asimétrico**

Existen dos tipos principales de cifrado:

1. **Cifrado simétrico**

   Utiliza **una sola clave** para cifrar y descifrar la información.

   Características:
   - Es muy rápido.
   - Se usa para cifrar grandes volúmenes de datos.
   - Requiere que la clave se comparta previamente con el destinatario.

   Ejemplo: AES (Advanced Encryption Standard), usado en Wi-Fi WPA3.

2. **Cifrado asimétrico**

   Utiliza **dos claves diferentes**:
   - Una clave pública (puede compartirse).
   - Una clave privada (solo la conoce el dueño).

   Características:
   - Es más lento que el simétrico.
   - Permite cifrar datos sin necesidad de intercambiar claves previamente.
   - Es esencial para protocolos como HTTPS.

Ejemplo: RSA, usado en firma y cifrado de comunicaciones.

b) **Claves públicas y privadas**

En una comunicación cifrada:

- El remitente usa la **clave pública** del destinatario para cifrar el mensaje.

- El destinatario usa su **clave privada** para descifrarlo.

Este sistema garantiza:

- *Confidencialidad*: solo el destinatario puede leerlo.
- *Integridad*: el contenido no se altera.
- *Autenticidad*: se sabe quién lo envió si se utiliza firma digital.

c) **Certificados digitales**

Los certificados digitales funcionan como un "DNI electrónico" para sitios web y servicios.

Incluyen información como:

- Nombre de entidad.
- Clave pública.
- Fecha de validez.
- Autoridad emisora.

Los certificados permiten verificar la identidad de un sitio web y evitar páginas falsas.

Ejemplo:

Al entrar a una página bancaria con HTTPS, el navegador comprueba su certificado.

d) **Aplicación del cifrado en la vida cotidiana**

El cifrado se usa continuamente, incluso si el usuario no lo percibe.

Ejemplos:

- WhatsApp usa cifrado extremo a extremo.
- Gmail cifra las comunicaciones entre servidores.
- Los bancos usan cifrado TLS en toda la sesión.
- Las VPN cifran todo el tráfico que fluye desde el dispositivo.

Sin cifrado, Internet sería un entorno completamente inseguro.

4.5.3 Mensajería y correo seguro

La mensajería instantánea y el correo electrónico son dos de las herramientas más utilizadas por usuarios, profesores, estudiantes y empresas. Sin embargo, también son dos de los vectores más explotados por atacantes.

Este apartado analiza cómo proteger estas comunicaciones.

a) **Mensajería instantánea segura**

Muchas plataformas han incorporado cifrado extremo a extremo (E2EE), lo que significa que:

- El mensaje se cifra en el dispositivo del remitente.
- Solo se descifra en el dispositivo del destinatario.
- Ni la propia empresa puede leerlo.

Servicios que utilizan E2EE:

- WhatsApp.
- Signal.
- Telegram (en chats privados).

Recomendaciones en mensajería:

- No compartir contraseñas por mensajes.
- Verificar identidades mediante códigos QR cuando sea posible.
- Evitar conversaciones sensibles en redes Wi-Fi públicas.
- Revisar permisos de aplicaciones que acceden a contactos y archivos.

b) **Seguridad del correo electrónico**

El correo electrónico es uno de los objetivos más frecuentes de ataques informáticos debido a su carácter universal.

Amenazas frecuentes:

- Phishing.
- Envío de archivos maliciosos.
- Suplantación del remitente (spoofing).
- Robo de contraseñas.

Recomendaciones:

- Activar doble autenticación en el correo.
- Revisar cuidadosamente la dirección del remitente.
- Nunca descargar archivos dudosos.
- Mantener el navegador actualizado.
- Utilizar contraseñas únicas y robustas.

c) **Firma digital y verificación del remitente**

La firma digital permite comprobar que un mensaje procede del remitente real y que no ha sido alterado.

Beneficios:

- Autenticidad.
- Integridad.
- No repudio (el remitente no puede negar haber enviado el mensaje).

Cada vez más empresas y centros educativos utilizan firmas digitales para documentos oficiales.

d) **Cifrado del correo**

Existen servicios y complementos para cifrar correos:

- PGP/GPG.
- S/MIME.
- Servicios integrados en suites profesionales.

Aunque en el ámbito personal su uso es menos frecuente, en el entorno corporativo es esencial para tratar información crítica.

4.5.4 Prevención de suplantación de identidad

La suplantación de identidad es uno de los ataques más extendidos. Consiste en engañar al usuario haciéndose pasar por otra persona o entidad.

Este ataque puede producirse:

- Por correo electrónico.
- Por SMS (smishing).
- Por llamadas telefónicas (vishing).
- Por redes sociales.
- Por páginas web falsas.

a) Phishing

El phishing intenta obtener contraseñas o datos personales mediante:

- Correos aparentemente oficiales.
- Enlaces manipulados.
- Formularios falsos.

Cómo identificarlo:

- Lenguaje urgente ("tu cuenta será bloqueada").
- Errores ortográficos.
- URLs extrañas.
- Peticiones de datos sensibles.

b) **Smishing**

El smishing utiliza mensajes SMS, habitualmente con:

- Falsos avisos de entrega de paquetes.
- Supuestas alertas bancarias.
- Enlaces a páginas fraudulentas.

c) **Vishing**

El vishing se produce mediante llamadas telefónicas.

Un atacante se hace pasar por:

- Un banco.
- Un técnico informático.
- Un empleado de la compañía telefónica.

Normalmente solicita información sensible o intenta instalar software remoto en el dispositivo.

d) **Suplantación en redes sociales**

Consiste en crear perfiles falsos para:

- Engañar a contactos.
- Enviar enlaces maliciosos.
- Robar cuentas mediante ingeniería social.

Medidas de prevención:

- Verificar solicitudes de amistad.
- Evitar compartir información sensible en público.
- Activar autenticación en dos pasos.

e) **Herramientas para evitar suplantaciones**

Para reducir riesgos:

- Antivirus con protección antiphishing.
- Navegadores con detección de sitios falsos.
- Comprobación en dos pasos en todas las cuentas.
- Gestores de contraseñas (evitan escribir claves en páginas falsas).
- Alertas de inicio de sesión en dispositivos desconocidos.

La seguridad en las comunicaciones digitales es fundamental en un entorno donde el intercambio de información es constante y en el que los atacantes utilizan técnicas cada vez más sofisticadas. Proteger mensajes, correos y datos implica comprender el cifrado, adoptar buenas prácticas de mensajería y correo electrónico, y conocer las amenazas más comunes de suplantación de identidad.

4.6 GESTIÓN DE DATOS SEGUROS

La gestión segura de los datos es uno de los pilares centrales de la seguridad informática. La información digital constituye un activo fundamental tanto en el ámbito personal como en el profesional: fotografías, documentos académicos, historiales médicos, contraseñas, registros financieros, proyectos de trabajo, datos de clientes, bases de datos corporativas, expedientes administrativos, entre otros. La pérdida, robo o exposición de esta información puede tener consecuencias graves, como daños personales, pérdidas económicas, incumplimiento legal o pérdida de reputación.

En un entorno donde la cantidad de datos generados aumenta de forma constante —archivos, mensajes, fotografías, copias automáticas, versiones, sincronizaciones en la nube, historiales de navegación, datos de uso, metadatos—, es esencial adoptar medidas para proteger la información durante todo su ciclo de vida. La gestión segura de datos incluye la clasificación de la información, el almacenamiento correcto, la realización sistemática de copias de seguridad y la eliminación definitiva de datos cuando ya no son necesarios.

Este apartado aborda estas cuatro áreas fundamentales y proporciona una base técnica y práctica que permite al usuario mantener sus datos protegidos, accesibles y correctamente gestionados.

4.6.1 Clasificación y categorización de datos

Clasificar los datos es el primer paso de una gestión segura. No toda la información requiere el mismo nivel de protección, y por tanto es necesario identificar qué datos son más sensibles o críticos para tomar decisiones adecuadas sobre dónde guardarlos, cómo protegerlos y quién debe tener acceso.

a) **Tipos de datos según su sensibilidad**

La información puede clasificarse en cuatro grandes categorías:

1. **Datos personales**
   Incluyen toda aquella información que permite identificar a una persona.

   Ejemplos:
   - Nombre y apellidos.
   - Dirección.
   - DNI o pasaporte.
   - Correo electrónico.
   - Teléfono.

   Estos datos están protegidos por leyes como el Reglamento General de Protección de Datos (RGPD).

2. **Datos personales sensibles**
   Estos datos requieren una protección más estricta debido a su naturaleza y al impacto que su filtración podría generar.

   Ejemplos:
   - Información médica.
   - Datos financieros.
   - Opiniones políticas.
   - Orientación sexual.
   - Datos biométricos.
   - Expedientes disciplinarios.

   La exposición de este tipo de datos puede causar daños graves a nivel personal, legal o económico.

3. **Información privada o interna**

Datos de uso cotidiano que no deben hacerse públicos, aunque no son especialmente sensibles.

Ejemplos:
- Documentos de trabajo.
- Archivos de clase.
- Proyectos en desarrollo.
- Fotografías privadas.
- Conversaciones personales.

4. **Información pública**

Es información que puede divulgarse sin afectar la privacidad o seguridad.

Ejemplos:
- Publicaciones en redes sociales abiertas.
- Información institucional disponible al público.
- Material educativo general.

b) **Por qué es importante clasificar los datos**

La clasificación permite:

- Aplicar medidas de seguridad proporcionales.
- Organizar adecuadamente los archivos.
- Determinar qué información debe cifrarse.
- Facilitar el control de acceso.
- Establecer políticas de almacenamiento y eliminación.

En entornos profesionales, la clasificación es obligatoria para cumplir estándares de seguridad y auditorías.

c) **Tratamiento diferenciado según el nivel de sensibilidad**

Para gestionar datos de forma correcta se deben aplicar medidas específicas:

- Los datos sensibles requieren cifrado obligatorio.
- La información personal debe almacenarse con permisos restringidos.
- Los datos internos deben guardarse en ubicaciones controladas.
- La información pública solo necesita medidas básicas de protección.

La clasificación también ayuda a priorizar qué información debe incluirse en las copias de seguridad.

4.6.2 Técnicas de almacenamiento seguro

Almacenar correctamente los datos es crucial para protegerlos de accesos no autorizados, pérdidas accidentales o fallos del dispositivo. El almacenamiento seguro combina herramientas técnicas, procedimientos y buenas prácticas.

a) **Cifrado de archivos y carpetas**

El cifrado convierte los datos en información ilegible para cualquier persona que no posea la clave adecuada. Es la medida de protección más eficaz para datos sensibles.

Beneficios del cifrado:
- Protege la información incluso si el dispositivo se pierde o es robado.
- Asegura que solo el propietario puede acceder a los archivos.
- Impide la lectura de datos por terceros o atacantes.

Ejemplos de herramientas:
- BitLocker (Windows).
- FileVault (macOS).
- VeraCrypt (multiplataforma).

b) **Discos duros protegidos y dispositivos seguros**

Los dispositivos físicos también influyen en la seguridad.

Recomendaciones:
- Utilizar discos duros con cifrado automático.
- Proteger los USB con contraseña.
- No guardar información sensible en unidades sin cifrado.
- Evitar dispositivos desconocidos o usados por terceros.

c) **Almacenamiento en la nube con seguridad reforzada**

El almacenamiento en la nube ofrece ventajas como accesibilidad, sincronización y copia automática. Sin embargo, también requiere precauciones.

Recomendaciones en la nube:
- Activar autenticación en dos pasos.
- Usar proveedores confiables (Google Drive, OneDrive, Dropbox).
- Cifrar archivos antes de subirlos si contienen datos sensibles.
- Revisar los permisos de carpetas compartidas.
- Evitar compartir enlaces públicos innecesarios.

d) **Control de accesos y permisos**

La protección de los datos depende en gran medida de quién tiene acceso a ellos.

Recomendaciones:

- Asignar permisos según necesidad ("mínimo privilegio").
- Restringir la edición de documentos importantes.
- Evitar carpetas compartidas con demasiados usuarios.
- Revisar periódicamente los permisos otorgados.

En entornos corporativos se aplican sistemas profesionales de control de acceso basados en roles (RBAC).

e) **Organización adecuada de los archivos**

Una estructura clara de carpetas ayuda a:

- Evitar pérdidas.
- Facilitar las copias de seguridad.
- Garantizar que los archivos sensibles están en ubicaciones seguras.
- Reducir duplicados.

Ejemplo de organización:

- Carpeta "Documentos personales": cifrada.
- Carpeta "Estudios": acceso estándar.
- Carpeta "Proyectos": sincronización en la nube.
- Carpeta "Trabajo": acceso controlado.

4.6.3 Copias de seguridad

La copia de seguridad es la estrategia más importante para evitar la pérdida definitiva de datos. Aunque los dispositivos pueden fallar, extraviarse o infectarse con malware, contar con una copia actualizada permite recuperar la información con rapidez.

a) **Copias automáticas y programación periódica**

Es fundamental automatizar las copias de seguridad para evitar olvidos.

Frecuencia recomendada:

- Diaria: documentos críticos.
- Semanal: archivos de uso frecuente.
- Mensual: archivos estáticos o de archivo.

Las herramientas modernas permiten realizar copias:

- Al apagar el dispositivo.
- Cada cierto número de horas.
- En segundo plano sin interrumpir el trabajo.

b) **Sistemas de versiones y restauración**

Muchos servicios de nube y programas permiten recuperar versiones anteriores de un documento.

Esto protege contra:

- Borrado accidental.
- Modificaciones no deseadas.
- Corrupción del archivo.
- Infección por ransomware.

Ejemplos:

- Google Drive: historial de versiones.
- OneDrive: restauración de archivos.
- Windows: "Restaurar versiones anteriores".

c) **Copias locales vs. copias en la nube**

Es recomendable combinar varios tipos de copia para mayor seguridad.

Copias locales:

Ventajas:

- Acceso rápido.
- No requieren Internet.

Desventajas:

- Si el dispositivo se daña o se roba, se pierde también la copia.

Copias en la nube:

Ventajas:

- Disponibilidad desde cualquier lugar.
- Respaldo externo.
- Protección frente a desastres locales.

Desventajas:

- Requieren Internet.
- Pueden implicar riesgos si no están protegidas por contraseñas robustas.

d) **Estrategia 3-2-1 de copias de seguridad**

La estrategia más recomendada por profesionales consiste en:

- **3 copias** de los datos.
- **2 soportes diferentes** (disco externo + nube).
- **1 copia externa** alejada del dispositivo principal.

Esta técnica garantiza que, incluso ante fallos graves, siempre existe un respaldo disponible.

4.6.4 Ciclo de vida de la información y eliminación segura

Toda información digital tiene un ciclo de vida: nace, se utiliza, se almacena y finalmente debe eliminarse. La gestión segura implica proteger los datos en cada fase, especialmente en la de eliminación, cuando a menudo se cometen errores importantes.

a) **Fases del ciclo de vida de la información**

1. **Creación**
   Cuando se genera un archivo, es necesario:
   - Guardarlo en el lugar adecuado.
   - Nombrarlo correctamente.
   - Asignarle permisos iniciales.

2. **Uso**
   Durante esta etapa, la información debe protegerse mediante:
   - Cifrado si es sensible.
   - Revisiones periódicas de acceso.
   - Buenas prácticas de seguridad.

3. **Custodia**
   Incluye:
   - Almacenamiento seguro.
   - Control de accesos.
   - Copias de seguridad.
   - Auditorías internas.

4. **Retención**
   Consiste en determinar cuánto tiempo debe conservarse la información.
   Ejemplo:
   - Datos laborales: 5 años.
   - Documentos fiscales: según normativa.
   - Documentos de clase: el tiempo necesario.

5. **Eliminación**

Cuando los datos ya no son necesarios deben eliminarse de forma segura.

b) **Eliminación segura de datos**

Eliminar un archivo no significa destruirlo. En muchos casos, el archivo sigue disponible y puede recuperarse con herramientas especializadas. Por ello se requiere una técnica de eliminación adecuada.

Métodos de eliminación segura:

- **Borrado irrecuperable** mediante sobreescritura múltiple.
- **Triturado digital** utilizando herramientas como Eraser o BleachBit.
- **Destrucción física** en el caso de discos duros o dispositivos.

c) **Riesgos de no eliminar los datos correctamente**

La información abandonada en dispositivos antiguos representa un riesgo grave. Muchas filtraciones provienen de:

- Discos duros vendidos sin formatear adecuadamente.
- Teléfonos móviles donados sin eliminar cuentas.
- Pendrives olvidados en oficinas públicas.
- Copias antiguas almacenadas sin protección.

Por ello, la destrucción final es una parte esencial de la gestión de datos.

La gestión de datos seguros se ha convertido en una competencia imprescindible en el mundo actual. Clasificar los datos permite saber qué información necesita más protección; almacenarlos adecuadamente evita pérdidas o accesos indebidos; realizar copias de seguridad garantiza la recuperación ante incidentes; y eliminar los datos de manera segura evita filtraciones futuras.

Este apartado ofrece los conocimientos necesarios para que cualquier usuario —desde un estudiante hasta un profesional— adopte una gestión de datos responsable y segura. Con ello se completa el estudio del Módulo 4 y el usuario está preparado para abordar los apartados finales del manual.

1. **¿Qué componente forma parte del hardware esencial de un ordenador?**
   a) Sistema operativo.
   b) Hoja de cálculo.
   c) Memoria RAM.
   d) Licencia de software.

2. **¿Qué se considera software de aplicación?**
   a) BIOS.
   b) Windows Update.
   c) Navegadores web.
   d) Módulos de CPU.

3. **La propiedad intelectual digital protege…**
   a) Solo obras físicas impresas.
   b) Contenidos originales en cualquier formato.
   c) Únicamente programas informáticos.
   d) Únicamente imágenes registradas.

4. **¿Qué elemento del escritorio permite acceder rápidamente a programas y archivos?**
   a) Panel de control.
   b) Barra de tareas.
   c) Gestor de dispositivos.
   d) Administrador de discos.

5. **¿Cuál es el formato más adecuado para enviar documentos no editables?**
   a) DOCX
   b) TXT
   c) PDF
   d) ODT.

6. **¿Qué es un motor de búsqueda?**
   a) Un programa para crear páginas web.
   b) Un sistema que indexa y muestra información de la Web.
   c) Un método para cifrar comunicaciones.
   d) Un hardware de red.

7. **¿Qué operador de búsqueda obliga a incluir dos términos?**
   a) OR
   b) " "
   c) AND
   d) – (menos).

8. **¿Qué tipo de fuente digital es la más fiable para consultar normativa oficial?**
   a) Blogs personales.
   b) Redes sociales.
   c) Sitios web gubernamentales.
   d) Foros especializados.

9. **¿Cuál de estos es un ejemplo de comunicación en tiempo real?**
   a) Correo electrónico.
   b) Videollamada.
   c) Foro.
   d) Comentarios en blogs.

10. **En una dirección de correo electrónico, la parte después de @ indica…**
    a) El nombre del servidor.
    b) El tipo de archivo.
    c) El tamaño del mensaje.
    d) El idioma del remitente.

11. ¿Qué herramienta permite colaborar creando documentos simultáneamente?

a) Bloc de notas.

b) Google Docs.

c) Paint.

d) Editor del registro.

12. ¿Cuál es una ventaja de un calendario compartido?

a) Oculta los eventos del usuario.

b) Requiere instalación manual.

c) Facilita la coordinación de grupos.

d) Reduce la seguridad del sistema.

13. En el modelo de seguridad CIA, la integridad se refiere a...

a) Evitar accesos no autorizados.

b) Mantener la disponibilidad de los datos.

c) Evitar manipulaciones no autorizadas.

d) Proteger la identidad del usuario.

14. ¿Qué malware cifra archivos y pide un rescate?

a) Adware.

b) Spyware.

c) Ransomware.

d) Worm.

15. ¿Qué medida mejora la seguridad de una red doméstica?

a) Usar la contraseña por defecto.

b) Desactivar el firewall.

c) Usar cifrado WPA3.

d) Compartir la red principal con invitados.

16. ¿Qué indicador ayuda a detectar una página falsa?

a) Certificado HTTPS.

b) Contenido actualizado.

c) Ortografía descuidada y URLs extrañas.

d) Títulos descriptivos.

17. ¿Qué protocolo se utiliza para enviar correos?

a) POP3

b) IMAP

c) SMTP

d) FTP.

18. Un ejemplo de amenaza en comunicaciones digitales es...

a) Copias de seguridad.

b) Suplantación de identidad (phishing).

c) Envío cifrado.

d) Servidores DNS.

19. ¿Qué técnica evita la pérdida total de información en caso de fallo?

a) Antivirus.

b) Copias de seguridad.

c) Bloqueo de pantalla.

d) Modo avión.

20. ¿Qué herramienta se emplea para proteger datos almacenados?

a) Editor de vídeo.

b) Panel de sonido.

c) Cifrado de archivos.

d) Programador de tareas.

RESPUESTAS CORRECTAS

Nº	Respuesta
1	C
2	C
3	C
4	B
5	C
6	B
7	C
8	C
9	B
10	A
11	B
12	C
13	C
14	C
15	C
16	C
17	C
18	B
19	B
20	C

SÍGUENOS EN INSTAGRAM Y ACCEDE GRATIS A NUESTRA BIBLIOTECA DIGITAL DURANTE 30 DÍAS.

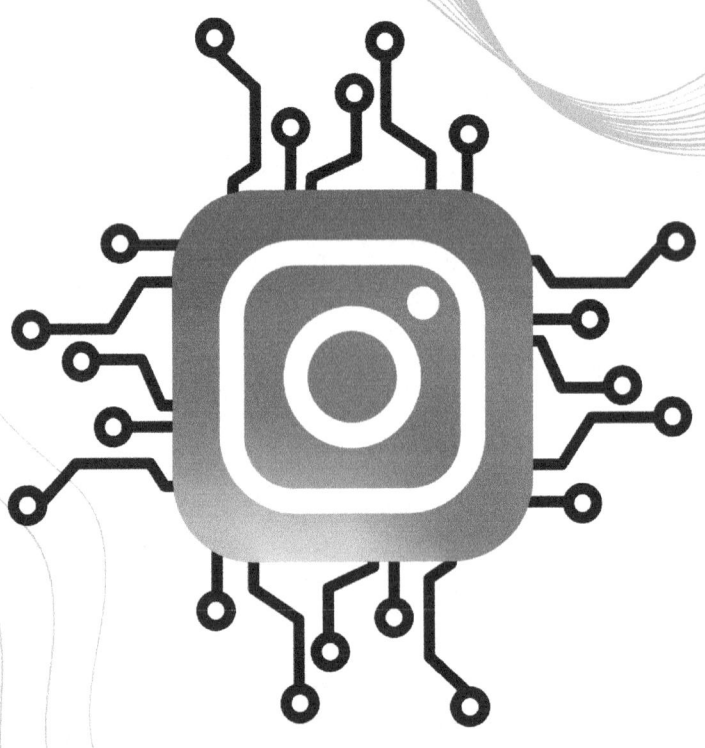

@grupoeditorialrama

¡ENVIANOS TU MAIL POR PRIVADO!

Grupo Editorial
ra-ma

40 ANIVERSARIO